NSECRATÆ, EMPORIIQUE TAM GERMANIÆ QUAM TOTIUS EUROPÆ CELEBERRIMI, ACCURATA DELINEATIO
F L U V I U S
Sachsenhausen
Occidens.
Oriens.
Meridies
Vrbs ego Mercurio sacra sum, Phoeboq. Iouiq.
Castalijs Musis, Palladiæq. Deæ.
Me Bromius, me flaua Ceres, Pomonaq. blando
Lumine respiciunt, me quoque magna Pales.
Nec Charites Nymphasq. mihi Venus alma negauit:
Quis chacum superis me neget esse locum.
I. L. G.
Matthæus Merianus Basileensis, Civis et
Francofurtensis mensus est, delineauit, ex
cælauit. iurisq. publici fecit

Wolfgang Klötzer
Frankfurt
ehemals, gestern und heute

Y&R

Wolfgang Klötzer

Frankfurt

ehemals, gestern und heute
Eine Stadt im Wandel

J.F.Steinkopf Verlag
Stuttgart

1. Auflage 1979
2. Auflage 1979
3. aktualisierte Auflage 1985

CIP-Kurztitelaufnahme der Deutschen Bibliothek
Frankfurt, ehemals, gestern und heute: e. Stadt im Wandel/Wolfgang Klötzer.–
3., neu berab. Aufl. – Stuttgart: Steinkopf, 1985.
ISBN 3-7984-0632-4
NE: Klötzer, Wolfgang [Bearb.]

Reproduktionen: SM-Litho-Team, Wolfschlugen
Gesamtherstellung: studiodruck, Nürtingen-Raidwangen.

ISBN 3-7984-0632-4

Stadt im Wandel

Die Prämissen für das halbe Jahrhundert, in dem sich Frankfurt so sehr verwandelt hat wie nie zuvor, lassen sich in wenigen Sätzen zusammenfassen: Liegen die Wurzeln der Mainmetropole als römische Militärsiedlung, dann fränkische Residenz, auch im Dunkeln, so weiß man doch, daß sie bei günstigster Verkehrslage früh zur Reichs- und Handelsstadt avancierte und als Kaiserwahl- und Krönungsort wie auch als internationaler Messeplatz schon im Mittelalter eine der heutigen ähnliche Bedeutung erlangte. Frankfurt schien seine Rolle als „heimliche Hauptstadt“ erst 1866 ausgespielt zu haben, als es, von Preußen annektiert, zu einer Provinzstadt an der Staatsperipherie herabsank. Doch schon nach wenigen Jahren, im größeren Reichszusammenhang, beflügelte die Gründerzeit den Frankfurter Lebenswillen: Beachtliche infrastrukturelle Leistungen hielten Schritt mit dem Wachstum der Bevölkerung, die schon 1875 die 100000-Marke überschritt und 1910 die Zahl 400000 erreichte. Eingemeindungen schafften Raum für Industrie und Wohnungsbau. Internationale Ausstellungen dokumentierten die Aufgeschlossenheit Frankfurts für den Fortschritt der Zeit. Aber Reichtum verpflichtete auch: 384 Millionäre, die 1906 in Frankfurt, dichter selbst nicht in Berlin, lebten, hinterließen unzählige Stiftungen, unter denen die Universität hervorragt. Sie krönte 1914 das Lebenswerk von Oberbürgermeister Adickes, mit dessen sterblicher Hülle allerdings wenige Monate später die Ära des glanzvollen Aufstiegs zur Weltstadt erst einmal zu Grabe getragen wurde. Die Konjunktur verebbte in den Konvulsionen eines hoffnungslosen Krieges, der ein – von wenigen Bombenwürfen abgesehen – zwar intaktes Stadtbild, aber eine schwer angeschlagene Wirtschaft und unter der Bevölkerung, die um 10000 Gefallene trauerte, die größten Existenzsorgen zurückließ.

Die folgenden Jahrzehnte erscheinen im politischen Schicksal Deutschlands geschieden in die Periode der Weimarer Republik, die Dekade des nationalsozialistischen Regimes und in die gegenwärtige Nachkriegszeit, in der wir noch leben.

Als in der Novemberrevolution das monarchische System zusammenbrach, wehten auch in Frankfurt die roten Fahnen der neuen Zeit, doch kann man nicht sagen, daß die Revolution die Frankfurter ergriffen hätte: Sie waren mehr Zuschauer als Mithandelnde. Der Handelsstadt fehlte das radikale Industrieproletariat, das nichts verlieren, aber alles gewinnen konnte. Schon in der ersten Stadtverordnetenversammlung herrschte das sozialdemokratische Element vor, gefolgt von den Demokraten und dem Zentrum. Freilich hat der Zerfall der Demokratischen Partei nach 1925 das Aufkommen links- und rechtsextremer Parteien gefördert. Die SPD blieb jedoch bis 1933 bestimmender Faktor im politischen Kräftespiel der Stadt und ging dann in den Untergrund, um nach 1945 abermals den Kurs zu bestimmen. Mehr als politische Tagesfragen hat der Versailler Friedensvertrag auf die städtische Entwicklung eingewirkt. Zwar lag die Stadt selbst außerhalb des 30 km tiefen französischen Rhein-Brückenkopfs, aber Höchst und die westlichen Vororte blieben bis 1930 besetzt. Abermals war Frankfurt wie 1866 an die Landesgrenze gedrängt, was erhebliche wirtschaftliche Einbußen bedeutete. Überdies fiel Frankfurt in die rechtsrheinische entmilitarisierte Zone, was den Verlust der Garnison und das Ausbleiben staatlicher Bauaufträge mit sich brachte. Daß mit den Staatsbehörden auch andere Zentralinstitute ins Reichsinnere abwanderten, war die zwangsläufige Folge der Randlage. In einem Bereich hat Frankfurt jedoch aus der Randlage Nutzen ziehen können: Die im 19. Jahrhundert völlig abgestorbene Messe belebte sich wieder, und schon im Herbst 1919 war die Bilanz durch starkes Auftreten der Ausländer sowohl für Frankfurt wie für Deutschland positiv.

Doch die „Goldenen zwanziger Jahre“, ohnehin nur das Jahrfünft zwischen 1924 und 1929, ließen auf sich war-

Dom von Westen

ten. Zunächst verlangte der schleichende Währungsverfall bis hin zur Inflation mit der Abwertung im Verhältnis 1 Billion zu 1 am 20. November 1923 seine Opfer. Unzählige Privatvermögen sind damals in Frankfurt wie überall zugrunde gegangen. Die Finanzen der Stadt selbst hatten wenig Gelegenheit, sich zu erholen; bei rückläufigen Steuereingängen konnten kaum die Unterstützungen für die wachsende Schar von Arbeitslosen aufgebracht werden. Wo Notstandsarbeiten vergeben werden konnten, waren sie wenigstens positiv. Auf diese Weise sind neue Hafenbecken ausgehoben, Straßen angelegt, die Nidda reguliert und das vorbildliche Waldstadion erbaut worden, das 1925 mit der ersten Internationalen Arbeiterolympiade eröffnet wurde. Mit Vehemenz gefördert wurde der soziale Wohnungsbau, der in den Siedlungen Praunheim und Römerstadt bemerkenswertes Niveau erreichte (Ernst May), für das Fertig- und Flachbauweise ebenso charakteristisch waren wie die platz- und kraftsparende Frankfurter Einbauküche. Die zur Finanzierung eingeführte Hauszinssteuer bedrückte jedoch den Altbaubesitz, so daß schon 1931, besonders im Westend, weit über 1000 Drei- und Mehrzimmerwohnungen leerstanden, und das trotz anhaltender Wohnungsnot. Neben den Siedlungen, die meist in Hanglage auch heute noch städtebauliche Dominanten sind, traten aber auch Einzelbauten als Exponenten der neuen Sachlichkeit hervor wie die ersten Freiflächenschulen (Ebelfeld, Bornheimer Hang) oder das Gewerkschaftshaus als erster Frankfurter Hochhaustyp. Hervorragende Leistungen finden sich in manchen Kirchen (Frauenfrieden, Heiligkreuz, Bonifatius), sehr individuelle Konzeptionen in einigen Großbauten der Wirtschaft wie dem Verwaltungsgebäude der Höchster Farbwerke (Peter Behrens), der Großmarkthalle (Martin Elsässer) oder dem IG-Hochhaus (Hans Poelzig). Die Niederlassung des 1925 gegründeten Monsterunternehmens der Interessengemeinschaft Farbenindustrie AG in Frankfurt a. M. (1927) beschleunigte die Eingemeindung der Industrievororte im Westen und Osten Frankfurts. Mit der Einbeziehung der 1863 gegründeten Farbwerke Hoechst und den noch älteren Cassella-Farbwerken Mainkur in Fechenheim änderte sich die Frankfurter Wirtschafts- und Sozialstruktur zugunsten des Industriesektors, der in der Handels- und Bankenstadt vorher kaum von Bedeutung gewesen war. Mit einem 50%igen Gebietszuwachs wurde Frankfurt am 1. April 1928 größtes Stadtgebiet in Deutschland (190 qkm). Die Einwohnerzahl stieg um 15% auf 548000.

Nicht nur größer, auch „verkehrsgerechter“ wurde die Stadt zwischen den Krisen der zwanziger Jahre. Da wurden Innenstadtplätze modernisiert (wobei allerdings das Manskopfsche Uhrtürmchen und die Kandelaber am Friedensbrunnen fallen mußten), da entstanden neue Ausfallstraßen nach Wiesbaden, Homburg und Hanau. Eine Hypothek der Kriegs- und Nachkriegszeit konnte endlich abgetragen werden: der Neubau der Alten Brücke (1926), die den Frankfurtern besonders am Herzen lag. In diesen Jahren konstituierte sich in Frankfurt auch der „Hafraba e. V.“, der nichts weniger als die erste deutsche Autobahn von Hamburg nach Basel plante. Von rascherem Erfolg gekrönt war die Südwestdeutsche Luftver-

Belvederchen der Goldenen Waage

kehrs AG (1924), die den Flugplatz Rebstock ausbaute; bald war er so stark frequentiert (nur Berlin buchte höhere Fluggastzahlen), daß schon nach zehn Jahren die Verlegung in den Stadtwald beschlossene Sache war. Nirgends erscheint der Optimismus der „Golden Twenties“ so ausgeprägt wie auf dem kulturellen Sektor: Am Städel wirkten Richard Scheibe und Max Beckmann. Im Kuhhirtenturm komponierte Paul Hindemith seinen Cardillac. Dem städtischen Schauspiel gab Richard Weichert Impulse expressionistischen Theaters, und Arthur Hellmer stellte am Neuen Theater junge Kräfte vor, die sich später auf größeren Bühnen und beim Film einen Namen machten. Schon 1921 war die Akademie der Arbeit als gewerkschaftliches Bildungsinstitut gegründet worden; 1927 folgte die Pädagogische Akademie, die sich heute im Universitäts-Fachbereich für Erziehungswissenschaften fortsetzt. Ins gleiche Jahr führen die Anfänge des städtischen Modeamtes. Nimmt man hinzu, daß 1927 Stefan George den ersten Goethepreis erhielt und zugleich ein internationaler „Sommer der Musik“ zu Ende ging, so scheint damals wirklich goldener Glanz auf die Stadt Frankfurt gefallen zu sein. Aber in der Weltwirtschaftskrise hat auch Frankfurt fühlen müssen, daß das Gold der zwanziger Jahre vielfach nur Dublee war. Nirgends im Reich lag die Arbeitslosenzahl höher. Bei feh-

Wanebachhöfchen

Kurfürstenzimmer im Römer

Blick auf die Römerberg-Ostseite (Samstagsberg)

lenden Reichsaufträgen nahm die Verschuldung der Stadt, die über ihre Verhältnisse lebte, derart zu, daß sie Ende 1932 ihre Insolvenz eingestehen mußte. 80000 Arbeitslose verschlangen an Unterstützungen allein ein Viertel des ordentlichen Haushalts 1932/33.

In dieser Situation fanden rechtsradikale Kreise leicht Gehör für ihre Versprechungen, es besser machen zu wollen, wenn auch die NSDAP bei den Kommunalwahlen 1929 mit nur neun Sitzen noch hinter den bürgerlichen Parteien und Kommunisten geblieben war. Die Frankfurter waren keine Nazis, z. B. traten von den Lehrern, trotz Pressionen, zwischen 1933 und 1937 nur 45% der Partei bei, weit weniger als im Reichsdurchschnitt. Frankfurt blieb seiner demokratischen Tradition treu. Nicht wenig Intellektuelle, Gewerkschafter, Sozialisten und Kommunisten, auch die Streiter der Bekennenden Kirche sammelten sich im Widerstand gegen die Diktatur, ohne gegen die Methoden der Partei nachhaltig wirken zu können. Aber in ihrer Gesinnungstreue und gegenseitigen Hilfsbereitschaft schlugen sie, sofern sie überlebten, die Brücke zu neuer freiheitlicher Entwicklung in unserer Zeit.

Von „Machtübernahme“ und „Umbruch“ wurde damals viel geredet, ohne daß Konvulsionen die Stadt erschütterten. Aber der Umbruch zeigte sich in der Kommunalwahl am 12. März 1933, nach der die Nationalsozialisten ins Rathaus einzogen. Seit dem 13. März wehte vom Römer die Hakenkreuzfahne. In den Ämtern der Stadtverwaltung verdrängten bis Ende 1936 tausend „Alte Kämpfer“ die auf Grund des berüchtigten Gesetzes zur Wieder-

herstellung des Berufsbeamtentums entlassenen Nichtarier und politisch „Unzuverlässigen“.
Wir wissen heute die augenscheinlichen Erfolge in den Jahren nach der Machtübernahme richtig einzuschätzen. Sie waren dadurch begünstigt, daß sich die Wirtschaft langsam wieder von der Weltkrise erholte und sich damit auch die kommunalen Finanzen besserten. Zum anderen bauten die Nationalsozialisten geschickt auf dem auf, was vorbereitet war, wie die Reichsautobahn, deren Strecke Frankfurt–Darmstadt 1935 eröffnet wurde. Aber von irgendeiner NS-Begünstigung Frankfurts konnte keine Rede sein. Im Gegenteil, in den dreißiger Jahren verlor Frankfurt weiter an Zentralität gegenüber Berlin, und sein Avancement zur Gauhauptstadt war nur ein zweifelhafter Ersatz für die sonstige Vernachlässigung. Die Bedeutung als Messeplatz verschob sich abermals zugunsten Leipzigs: Frankfurts Rang als Börsenplatz zu halten, erschien um so schwieriger, als Frankfurt offiziell nur als Provinzbörse geführt wurde und im Zuge der Devisengesetzgebung die Notierung der gerade in Frankfurt stark gehandelten Auslandspapiere eingestellt werden mußte. Die jüdischen Bankhäuser, die seit dem 19. Jahrhundert den Ruf Frankfurts als Stadt der Banken und des Geldhandels mit begründet hatten, waren durch den Rassismus des Regimes gezwungen zu schließen oder abzuwandern, wodurch dem Wirtschaftsleben der Stadt erheblicher Schaden entstand. Zwar lebten in Frankfurt 1933 nur 26000 jüdische Bürger, 4,7% der Bevölkerung. Erwiesenermaßen nahmen die Juden am Frankfurter Geschäftsleben jedoch mit 35% Anteil. Was Wunder, daß Frankfurt den neuen Machthabern ein Dorn im Auge war. Die gegen die jüdischen Mitbürger gerichteten Maßnahmen reichten vom Wirtschaftsboykott über die Vertreibung bis zur Deportation in die Massenvernichtungs-

Opernplatz mit Kaiser-Wilhelm-Denkmal

Nachtangriff auf Frankfurt

lager. Vergessen waren die Leistungen der jüdischen Wissenschaftler, deren Bücher verbrannt wurden, und der Künstler, deren „entartete“ Werke im Ausland in Devisen umgesetzt wurden. Die Anteilnahme der Frankfurter Bevölkerung am organisierten Vandalismus, der bis zur Synagogenzerstörung reichte (nur die Westendsynagoge blieb erhalten), war allerdings gering, und noch im Jahr der Nürnberger Gesetze konnte Frankfurt als ein Refugium des Judentums gelten. Die Frankfurter Zeitung, bekanntermaßen auch nach der Gleichschaltung ein Hort des Widerstandes, blieb wegen ihrer Auslandsbedeutung sogar bis 1943 bestehen, und der geforderten Auflösung der („Juden“-)Universität hat sich die Stadt mit Erfolg widersetzt, allerdings wurde die Hörerzahl auf 2000 beschränkt.

Während im Reich schon 1934 starke Arbeitskräfte durch die Aufrüstung gebunden waren, blieb dem weiter in der neutralen, entmilitarisierten Zone liegenden Frankfurt nichts anderes übrig, als 26000 Arbeitslose (Winter 1935/36), wenigstens teilweise, mit Notstandsarbeiten zu beschäftigen, wofür die Stadt noch 1936 eine halbe Million RM Reichshilfe erhielt. Als eine Notstandsmaßnahme wurde seit 1934 der Rhein-Main-Flughafen ausgebaut und am 8. Juli 1936 gleichzeitig als Luftschiffhafen für den Transatlantikverkehr eingeweiht. Als Notstandsprogramm begann auch die Altstadtgesundung, und zwar schon 1922 mit Freilegungen am Dominikaner- und am Karmeliterkloster und der expressionistischen Farbgebung bei etwa 50 Altstadthäusern. 1925 wohnten in der Altstadt noch über 22000 Menschen, heute kaum 6000. Die Wohnverhältnisse aber waren bei Mangel an Licht und Luft und oft auch sanitären Einrichtungen derart desolat, daß die Planung weniger auf Konservierung denn auf Sanierung gerichtet sein mußte.

Das brennende Roseneck mit dem Freythofbrunnen

Fleischerbrunnen am Fünffingerplätzchen

Die Auskernungen, wie man die Beseitigung der Hinterhäuser nannte, begannen 1936 an fünf verschiedenen Stellen zugleich und überzeugten besonders am Fünffingerplätzchen (Handwerkerhöfchen), im Kirschgarten und im Hainer Hof. Auf die Renovierung des Karmeliterklosters mit den restaurierten Fresken Jörg Ratgebs folgten die Freilegung der Saalhofkapelle und die Erneuerung des Schwarzen Sterns (1935, 1936 bzw. 1937). Neue Mainanlagen verschönten das Bild der Stadt, deren Fremdenverkehr sich belebte und die mit den Römerbergfestspielen (1932–1939) auch viele Ausländer anzog.
Die Bautätigkeit aber hatte ihren Impetus in der Weltwirtschaftskrise verloren, in der Ernst May Frankfurt den Rücken kehrte. Sein Stil war nun nicht mehr gefragt, und über seine letzte Siedlung Westhausen wurde der Baustopp verhängt. Der Blut- und Bodenbewegung entsprachen mehr die Kleinsiedlerstellen, wie sie im Kranz der Vororte, besonders in Goldstein, Hausen und Bonames (Frankfurter Berg) zwischen 1934 und 1936 in größeren Komplexen entstanden. Die im Westend und anderswo leerstehenden Altbauetagen wurden in kleinere Einheiten aufgeteilt. Heute ist die Entwicklung abermals fortgeschritten. Über 50% der im Westend vorhandenen Geschoßfläche wird heute für Büros genutzt, doch scheint eine weitere Zunahme durch die Aktion „Rettet das Westend" gestoppt.
Die ersehnte Wirtschaftsspritze kam für Frankfurt erst, als es 1936 mit der Wiederherstellung der deutschen Wehrhoheit erneut Garnison wurde. Die Kasernenbauten an der Friedberger Warte und in der Homburger

Aufräumungsarbeiten Ecke Waldschmidtstraße/Brüder-Grimm-Straße

Landstraße waren allerdings auch Menetekel für den Kurs des Dritten Reiches, das sich schon damals kaum verhüllt auf Krieg einstellte. Schon 1934 wird von ersten Luftschutzbunkern berichtet, 1935 waren es schon 780, dann folgten die ersten Sammelschutzräume und Verdunklungsübungen. Mit der Umstellung der Kraftfahrzeuge auf heimische Treibstoffe wie Holzgas und Flüssiggas, mit Altstoffsammlungen, mit der Verwertung der Küchenabfälle zur Schweinemästung, mit ersten Bewirtschaftungsmaßnahmen für Fett und Brotgetreide wurden nicht nur nationale Autarkiebestrebungen gefördert, sondern bereits kriegszeitliche Bedingungen erprobt. Schon 1937 war es unmöglich, die für die Renovierung der Obermainbrücke notwendige Eisenmenge zu beschaffen. Die Rüstungsindustrie lief auf vollen Touren.

Dabei hatte der Alltag den Anschein der Friedfertigkeit und Lebensfreude. Die Mehrzahl der Bevölkerung verdiente nun gut, besonders der handwerkliche Mittelstand wurde gefördert. Natürlich lag System darin, wie bei allem in dieser Zeit, Frankfurt den Titel einer „Stadt des deutschen Handwerks" zu verleihen (1935). Die Frankfurter Tradition im Handel und in der Hochfinanz galt es zu vergessen. So war die „Stadt des deutschen Handwerks" nicht nur eine Episode, sondern ein Symptom.
In dieser Zeit einer bescheidenen Konsolidierung brach der Zweite Weltkrieg aus, der nicht nur den Römerbergfestspielen ein Ende setzte, sondern allen Lebensbereichen seinen Stempel aufdrückte, hier aber nur in seinem schrecklichen Ende bilanziert werden kann.
Einzelne Bomben fielen schon im Juni 1940 im Bereich

Trümmergarten in der Neuen Kräme

des Stadtgebiets. Im Oktober/November 1943 erfolgten die ersten schweren Schläge gegen den Stadtkern, doch wäre die gotische Altstadt als Ganzes damals noch zu erhalten gewesen. Erst die Märzangriffe 1944, vor allem am 18. und 22. März, haben Alt-Frankfurt weniger mit Sprengbomben als mit 2 Millionen Brandbomben allein an diesen beiden Tagen in seiner Substanz zerstört. Was danach vom Himmel kam, hat nur noch Ruinen eingeebnet. Insgesamt hat die amtliche Statistik 78 Bomben- und 18 Tieffliegerangriffe gezählt, teilweise in Geschwadern von 1000 Flugzeugen. Wenn dabei nur rund 5000 Menschen umgekommen sind, so war dies allein dem Umstand zu verdanken, daß die miteinander verbundenen Altstadtkeller den meisten Eingeschlossenen die Flucht aus dem Inferno ermöglichten. 15000 Frankfurter sind an den Fronten gefallen und in Lazaretten gestorben. Am Kriegsende lebten nicht ganz 269000, weniger als die Hälfte der Vorkriegsbewohner, vielfach in notdürftigsten Quartieren in der Stadt, in der fast alle öffentlichen Gebäude, die wertvollsten Kunstdenkmäler und rund 50% der Wohnungen in Schutt und Asche gesunken waren. 17 Millionen Kubikmeter Trümmer bedeckten die Stadt, als am 29. März 1945 um 16 Uhr die von Süden eingedrungenen Amerikaner den letzten Widerstand einer fragwürdigen Verteidigung gebrochen hatten. Um 17 Uhr konstituierte sich die Militärregierung und ernannte den Journalisten Wilhelm Hollbach zum kommissarischen Bürgermeister.

Wir treten ein in die letzte Epoche unserer Betrachtung, die in die Gegenwart, in unser „Frankfurt heute" mündet. Wie für den ganzen Zeitraum bietet sich auch für die Zeit nach dem Kriege wieder eine Dreigliederung an. Rückschauend erfassen wir die „drei wilden Jahre" bis zur Währungsreform, dann die Zeit des Wiederaufbaus, der in der Hochkonjunktur der letzten fünfziger Jahre gleitend in die noch anhaltende Periode der Stadterneuerung überging.

Der Lebenswille der in der Stadt Zurückgebliebenen überwand trotz Hunger und Existenznot bald die größten Schwierigkeiten. Man richtete sich in den Ruinen ein, so gut es ging, rückte zusammen, verbesserte die geringen Kalorienmengen der Lebensmittelmarken aus den Quellen des Schwarzmarktes. Geld hatte man genug, aber es herrschte Mangel an allen Gegenständen des täglichen Bedarfs. Aus dem „Council" unbelasteter Männer, der

Verkaufsstand an der Bleidenstraße

Hollbach in den ersten Wochen beriet, entwickelte sich unter Dr. Blaum (CDU) noch im Herbst 1945 der Bürgerrat, in dem schon paritätisch die vier klassischen Parteien vertreten waren. In den ersten Kommunalwahlen im Mai 1946 kehrte man auch förmlich zur Demokratie zurück. Mit 32 von 60 Mandaten, gefolgt von der CDU mit 28, übernahm die SPD die politische Führung in der Stadt. Dieses Verhältnis wandelte sich auch nach Zutritt der FDP grundsätzlich nicht, bis 1976 die CDU das Regiment übernahm. Mit dem ersten demokratisch gewählten Oberbürgermeister Frankfurts, mit Walter Kolb († 1956), ist der Wiederaufbau Frankfurts untrennbar verbunden. Nach der Kapitulation des Reiches und der Aufteilung Preußens unter die Besatzungszonen lag alle Landeshoheit zunächst bei der Militärregierung, bis diese die Regierungsgewalt im Oktober 1945 an das aus hessischen und preußischen Landesteilen gebildete Land Groß-Hessen übertrug, das sich mit Annahme der Landesverfassung im Dezember 1946 in Hessen umbenannte. In ihm

„Omnibus" in der Braubachstraße Ecke Fahrgasse

oben: Trümmerbahn im Ostend
unten: Blick vom Dom auf den Durchbruch der „Ost-West-Achse“ (1952)

Blick vom Dom auf das wiederaufgebaute Rathaus (1952)

war Frankfurt seit 1952 als landesunmittelbare Stadt nun plötzlich, ohne Regierungssitz zu werden, in eine Zentralität gestellt, die es in preußischer Zeit nie besaß. Die Gunst der Lage im Schnittpunkt kontinentaler Straßen- und Schienenwege, die Nähe eines ausbaufähigen Flughafens hat nicht nur die Amerikaner bewogen, in Frankfurt trotz der starken Kriegszerstörungen ihr Hauptquartier aufzuschlagen, sondern die Entwicklung Frankfurts zur heutigen Großraummetropole schon damals eingeleitet. Daß der Wirtschafts- und Exekutivrat der sogenannten Bizone, des Anfang 1947 vereinigten Wirtschaftsgebiets der amerikanischen und der britischen Besatzungszone, sich in Frankfurt niederließ, hat diese Entwicklung gefördert. Durch Anschluß der französischen Zone entstand 1948 die Trizone als Basis der Bundesrepublik. Die damals in Frankfurt gegründete Bank deutscher Länder, die heutige Bundesbank, bereitete die Währungsreform vor, die am 20. Juni 1948 nicht nur die Periode des Wiederaufbaus in Westdeutschland einleitete, sondern, da die Ostzone währungspolitisch eigene Wege ging, auch die Spaltung Deutschlands besiegelte. Dem Sitz der Bank deutscher Länder folgten die hessische Landeszentralbank und die Dresdner und die Deutsche Bank als die beiden größten deutschen Filialbanken, so daß die schon seit dem ausgehenden 19. Jahrhundert an Berlin verlorene Bedeutung im Geld- und Börsengeschäft aufgrund der veränderten politischen Konstellation wieder an Frankfurt zurückfiel und eine Kettenreaktion weiterer Schwerpunktverlagerungen auslöste. Frankfurt wurde zwar, trotz beachtlicher baulicher Vorleistungen, entgegen aller Erwartung 1949 nicht Bundeshauptstadt, hat aber um so mehr in planmäßiger Wirtschaftsförderung die Scharte schon in den fünfziger Jahren auswetzen können, indem es zur unbestrittenen Handels- und Verkehrsmetropole

Die Zeil als Fußgängerzone (1975)

der Bundesrepublik aufstieg. Dies beweist nicht nur das internationale Ansehen seiner Messen und Fachausstellungen, sondern auch die Verlagerung und Konzentrierung ganzer Wirtschaftszweige, beispielsweise des Buch- und Verlagswesens und des Pelzhandels nach Frankfurt, wobei 170000 Flüchtlinge und Vertriebene aus Mitteldeutschland und den deutschen Ostgebieten der Stadt beachtliche Wirtschaftsimpulse gegeben haben. Diese Neubürger gehören zu den 45 % der heutigen Frankfurter, die mit 133000 Ausländern nicht in dieser Stadt geboren sind, zusammen etwa 65 %. Frankfurts heutige Stellung zeigt sich am besten in den Zahlen des hessischen Sozialprodukts, d.h. in seinem Anteil am Volkseinkommen in seiner Gesamtheit: Auf nur 1,2 % der hessischen Gebietsfläche leben in Frankfurt 11,0 % der Bevölkerung, aber 24,6 % der Beschäftigten, die 27,9 % des hessischen Sozialprodukts erzeugen.

Es würde zu weit führen, den Wiederaufbau im einzelnen zu beschreiben. Eine deutlichere Aussage vermittelt der folgende Bildteil. Beispielhaft war die organisierte Enttrümmerung und gleichzeitige Verwendung der Schuttmassen zur Fabrikation von Hohlblocksteinen, die bei dem notorischen Baustoffmangel den Aufau der Innenstadt und neuer Großsiedlungen erst ermöglichten. Beispielhaft war der Wiederaufbau der meisten Kulturdenkmäler. Noch vor der Währungsreform entstand, baulich zwar ein heute bedauerter Kompromiß, die Paulskirche als erstes Zeichen neuen Lebens aus den Spenden aller deutschen Städte und Landschaften, auch der ostzonalen. Im Wiederaufbau der Altstadt griffen die Gartenwohnhö-

Goethehaus im Wiederaufbau (1949)

Auf der Zeil: Fernmeldehochhaus hinter dem alten Tor der Hauptpost (1952)

HAKO
HAKO
Kolberger
abwärts

Opernplatz und Westend
Zukunftsbild 1926

fe um den Dom auf das Idealbild der Altstadtsanierung der dreißiger Jahre zurück. Natürlich gab es auch Diskussionen, und sie rissen bis heute nicht ab, haben sich sogar in jüngster Zeit an dem Vorwurf entzündet, man habe nach 1945 die Trümmer zu großzügig abgeräumt. Sicher ist richtig, daß noch Jahre nach dem Krieg manches aufrecht stand, was man heute restaurieren würde. Auch stehen Notlösungen und Teillösungen der Nachkriegszeit heute einer gediegeneren Gesamtplanung im Wege. Aber allzu leicht ist man geneigt, von den Sünden des Wiederaufbaus, von verpaßten Chancen zu sprechen, und vergißt dabei ganz die vielfältigen zeitbedingten Voraussetzungen und Hemmnisse. So blieb der eigentliche Altstadtkern lange tabu und wartete auf eine architektonisch wie funktionell überzeugende Lösung. Nun, da der Samstagsberg – die Ostseite des Römerbergs – liebevoll rekonstruiert wurde und die „Kulturschirn" Frankfurts einstige Keimzelle zwischen Römerberg und Dom füllt, bleibt abzuwarten, ob sich die Gegensätze zwischen nostalgisch Restauriertem und postmodern Neuem versöhnen und von der Bevölkerung akzeptiert werden.

Die Entwicklung Frankfurts zur Großraummetropole hat ganz andere Probleme gebracht. Zweierlei hat die wirtschaftliche Expansion um 1960 bewirkt. Einmal verdichtete sich die Wirtschaft durch die enorme Aufwärtsentwicklung des sogenannten tertiären Sektors (ca. 65 % der Beschäftigten) – das sind Handel, Banken, Versiche-

Zürichhaus am Opernplatz (1961)

Blick auf das Frankfurter Westend von der Karlstraße aus (1973)

rungen, Verbände und Dienstleistungsbetriebe –, vor allem in der City. Andererseits werden Umlandgemeinden immer mehr zu vorstädtischen Wohnbezirken. Die Folge ist zwar ein rein zahlenmäßiger Rückgang der Frankfurter Stadtbevölkerung (Stadtflucht), zugleich aber ein ständig ansteigender Pendlerverkehr, dessen Einzugsbereich erst an unzumutbaren Wegstrecken endet. Die große Zunahme des Kraftfahrzeugbestandes hat gezeigt, daß man selbst größere Anfahrtswege hinnimmt, hat andererseits aber auch dazu geführt, daß die Stadt bei täglich 250 000 Einpendlern Gefahr läuft, im Individualverkehr zu ersticken, wogegen nur die vermehrte Attraktivität der öffentlichen Nahverkehrsmittel helfen kann.

So ist Frankfurt heute die Metropole eines sich weiter verdichtenden Großraums geworden, der bis an den Rhein, Odenwald und Spessart und weit in den Taunus

Am Fahrtor: Historisches Museum und Haus Wertheim (1979)

reicht. Frankfurts Bedeutung darf demnach nicht mehr an der Einwohnerzahl von nicht einmal 700000 gemessen werden, sondern an der Zahl der hier Beschäftigten, etwa 500000, was einer Bevölkerungszahl von etwa 1,5 Millionen entspricht, die an den infrastrukturellen Einrichtungen partizipieren. Daß die kommunalen Finanzen, die durch den U-Bahn-Bau (seit 1963) aufs äußerste belastet sind, hierfür nicht mehr ausreichen und die städtische Verschuldung insofern ganz verständlich ist, bedarf kaum eines Beweises. Schon 1965 hat eine Planungsgemeinschaft, in der sich 1957 die betroffenen kommunalen Körperschaften zusammenschlossen, einen Regionalplan vorgelegt, der sich um die Zukunft des Rhein-Main-Gebietes Gedanken machte. Straßenbau, Nahverkehr, Industrieansiedlung fanden dort ebenso Berücksichtigung wie neue Wohnbezirke, landwirtschaftliche Nutzflächen und Landschaftsschutzgebiete. Aus den Bemühungen der fünfziger und sechziger Jahre um die übergemeindliche Gebietsreform, nach der Aufgabe weiterer Eingemeindungspläne großen Stils (eingemeindet wurden 1972 noch Kalbach, Harheim, Nieder-Eschbach und Nieder-Erlenbach, 1977 Bergen-Enkheim), ist 1975 die Zweckgemeinschaft „Umlandverband Frankfurt“ hervorgegangen, in der sich 43 Gebietskörperschaften zusammengeschlossen haben. Aber Frankfurts Führung im Rhein-Main-Raum ist unbestritten in einer Zeit, da Stadtgrenzen unwesentlich geworden sind. Die Anziehungskraft Frankfurts hat ihren Höhepunkt noch nicht erreicht, so wie Frankfurts Hochhäuser, die aus der modernen Stadtsilhouette nicht mehr wegzudenken sind, weiter in den Himmel wachsen.

Frankfurt ehemals, gestern und heute

Altstadtkern aus der Luft von Westen
(zu den umseitigen Bildern)

Was hätten unsre Voreltern darum gegeben, ihre Vaterstadt von oben sehen zu können! Der Traum, beflügelt zu sein, gründet in grauer Vorzeit, ist Motiv in Sagen und Märchen und hat schon vor Jahrhunderten geniale Konstrukteure beschäftigt. Was mögen die Frankfurter empfunden haben, als die ersten französischen Luftschiffer auftauchten und sich vor jetzt zweihundert Jahren auf der Bornheimer Heide ihren fragilen Heißluftballons anvertrauten? Wie die Welt von oben aussah, vermittelten die damaligen Karten doch nur ungenau und – wie heute – in Verkleinerung und Schematisierung sehr von der Wirklichkeit entfernt. Um so erregender müssen die ersten Bildpläne Frankfurts von Konrad Faber von Kreuznach (1552) und Matthäus Merian (1628) gewirkt haben. Sie müssen Bestseller ihrer Zeit gewesen sein – für den, der es sich leisten konnte, die schon damals teuren Stiche zu kaufen. Es ist von größtem Reiz, auf solchen Bildplänen mit den Augen spazieren zu gehen, immer neue Entdeckungen in Details zu machen, und so haben die akribischen Holzschneider und Kupferstecher bis heute Nachahmer gefunden: im 19. Jahrhundert Friedrich Wilhelm Delkeskamp mit seinem liebenswürdigen „Malerischen Plan von Frankfurt am Main und seiner nächsten Umgebung" (1864). Das Altstadtmodell der Brüder Hermann und Robert Treuner, zwischen den Kriegen entstanden und noch nach der Zerstörung Frankfurts in Teilen ergänzt (heute im Historischen Museum), steht ganz in der Tradition, die Stadtstruktur und ihre Architektur im verkleinerten Abbild zu dokumentieren. Dabei ist es in seiner Dreidimensionalität und dem relativ großen Maßstab (1:200) den vertikal leicht überhöhten Bildplänen an Objektivität überlegen. Auch die Farbigkeit ist sein Vorzug. Nichts geht jedoch über die Authentizität und Objektivität von echten Luftaufnahmen, die sich aus der Verbindung von Fotografie und Fliegerei ergaben. Auch in Frankfurt sind schon vom Fesselballon der Elektrotechnischen Ausstellung (1891) die ersten Aufnahmen „von oben" gemacht worden, und mit der Internationalen Luftschiffahrtsausstellung (1909) belieferten sie bereits die Ansichtskarten-Industrie. Auf den folgenden Seiten entsprechen sich vier Luftbilder des Altstadtkerns in Blickrichtung, Aufnahmehöhe und Ausschnitt: eine Vorkriegsaufnahme aus den ersten dreißiger Jahren, darunter ein Zerstörungsbild um 1950. Der fortschreitende Wiederaufbau zeigt sich im dritten und die heutige Situation im letzten Bild. Überall sind Dom und Nikolaikirche leicht zu erkennen, auch die Treppengiebel der Römerbauten (unten links von hinten), am linken Rand schlängelt sich die Braubachstraße, einmal ist auch die Paulskirche erfaßt. Mehr oder weniger ist am rechten Rand der Komplex des Saalhofs auszumachen. Dazwischen der Altstadtkern in seiner erschütternden Verwandlung! Weitere Einzelheiten helfen zur Datierung: So verbrannte die Synagoge am Börneplatz im Pogrom erst 1938, das Hauptzollamt (links vom Dom) aber war schon 1929 unter Dach. Die großflächige Beseitigung der Altstadttrümmer begann erst im März 1952, als die Rathausbauten nahezu renoviert und auch die Kirchen wieder eingedeckt waren (Paulskirche 1948, Nikolaikirche 1949, Dom 1950). Anfang 1955 dürfte das dritte Bild entstanden sein, als rund um den Dom moderne Wohnblocks entstanden, sich die Fronten des Römerbergs allmählich schlossen, der Wiederaufbau des Saalhofs anlief und auf den verbliebenen Freiflächen die Archäologen zu graben begannen. Ganz aktuell ist das letzte Bild, denn es stehen nicht nur das Technische Rathaus (1972, links vor dem Dom), der Betonklotz des Historischen Museums (1972, rechts von der Nikolaikirche), sondern auch die 1983 wiederaufgebauten Fachwerkhäuser am Samstagsberg mit ihren östlichen (modernen) Anschlußbauten. Die „Kulturschirn" ist als mächtiger Riegel zwischen Nikolaikirche und Dom im Entstehen. Langsam füllt sich auch die Saalgasse (rechts davon) mit Neubauten bis hin zum 1984 neuerstandenen Leinwandhaus.

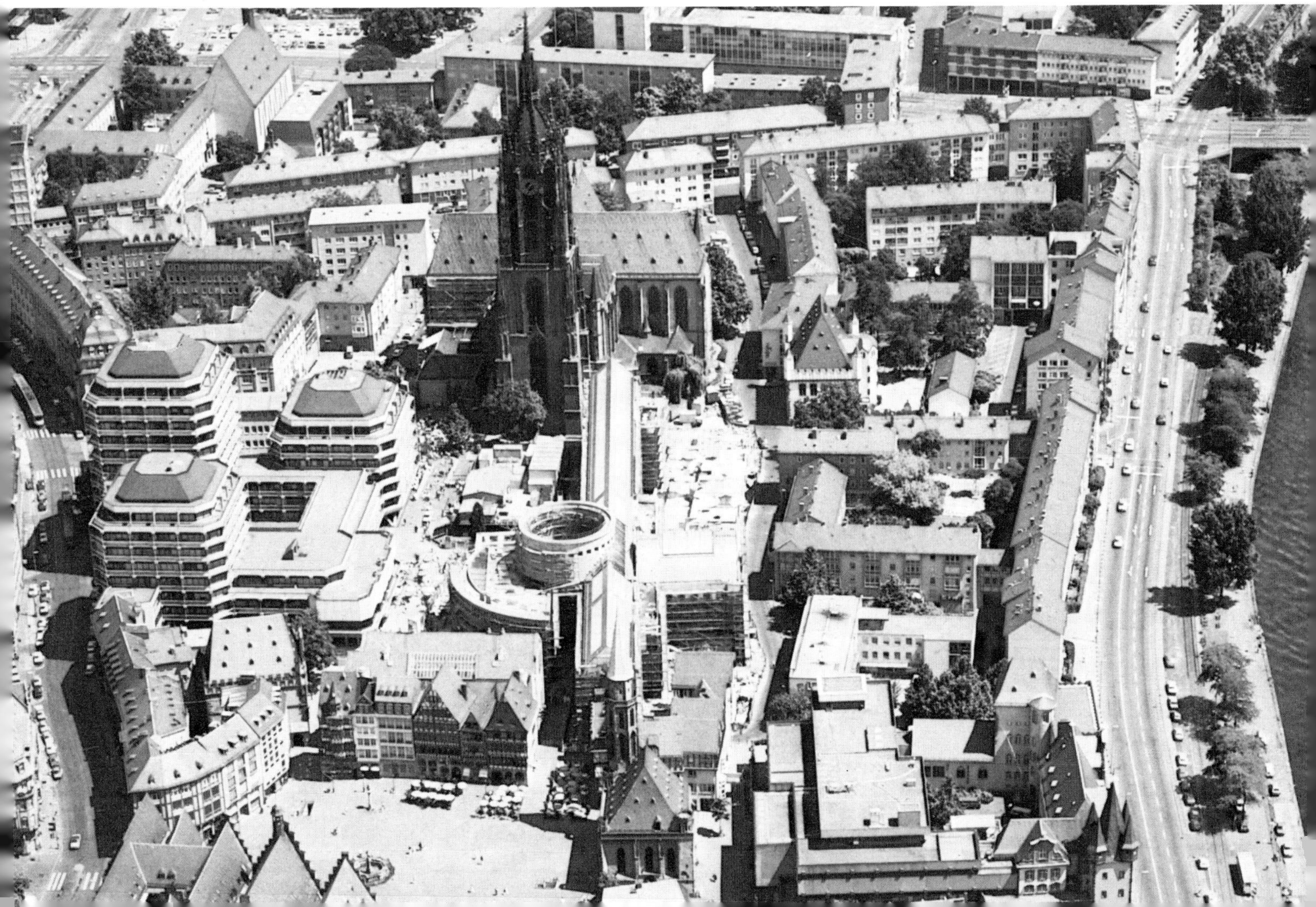

Blick vom Domturm nach Westen

Fliegen konnten die alten Frankfurter nicht, um von oben die Welt zu besehen, aber der eine oder andere kam doch dann und wann in seinem Reichsstädter-Leben auf den 95 Meter hohen „Parrtorn" (Pfarrturm), die Glöckner zumal und die Feuerwächter. Aber auch die Patrizier liebten die Glockenstube, um Feste zu feiern, und es ist überliefert, daß selbst Kaiser Maximilian I. dort mit den Ratsherren tafelte. Später gehörte es zum guten Ton, unter der Steilkuppel, in schwindelnder Höhe, Hochzeit zu feiern, schließlich zum Fremden-Programm, die 383 Stufen zu erklettern, um den Rundblick auf Stadt und Umgebung zu genießen. Heute ist der Aufstieg gesperrt oder benötigt doch besondere Erlaubnis. Auch unser Fotograf mußte sie einholen, um gewissermaßen im Rückblick der vorstehenden Luftaufnahmen zu zeigen, wie sehr sich Frankfurt verändert hat. Hochhäuser der westlichen City in wachsender Zahl bestimmen seit den siebziger Jahren den Horizont und übertrumpfen die Staffelgiebel des Römers, ja selbst die Paulskirche mit ihrem so unqualifizierten Nachkriegsdach. Die Hochhausvertikalen führen zwar aus der Uniformität der Breitband-Architektur der fünfziger und frühen sechziger Jahre heraus, um wieviel organischer aber wirken die Vertikalen der alten Stadt in ihrer Verhältnismäßigkeit! Die Giebel, Türme, Türmchen und Fensterachsen haben im ganzen durchaus noch etwas Gotisches, wenn auch der „Lange Franz" und der „Kleine Cohn" erst aus dem Anfang unsres Jahrhunderts stammen. Daß man beschlossen hat, die beiden Rathaustürme wieder in den alten Zustand zu versetzen, ist erfreulich.

Blick vom Domturm nach Südosten

Roseneck (rechts unten), Fürsteneck (Bildmitte), der Garküchenplatz im Vordergrund mit seiner typischen Häuserinsel, links dahinter (angeschnitten) die Mehlwaage vor der Fahrgasse, im Hintergrund das Fischerfeldviertel und der Ansatz der Obermainbrücke bestimmten den alten Domblick nach Südosten. Was hat der Krieg daraus gemacht! Im Parallelbild von 1944 stehen noch die Särge am Roseneck, in die man die Toten legte, die in den Märzangriffen verschüttet wurden. Einsam ragt der Freythofbrunnen (1759) aus den Trümmern. Heute steht er hinterm Arbeitsamt in der Fischerfeldstraße. Die Umfassungsmauern des Fürstenecks, einer der ältesten und markantesten Patrizierburgen der Altstadt (um 1360), stehen ausgebrannt und leer – abbruchreif. An der Schönen Aussicht (Mainfront) schaut man in die Trümmer des Schopenhauerhauses, wo 1860 der große Philosoph starb, wo Hindemiths frühe Kompositionen zuerst erklangen. Die Nachkriegszeit hat hinter dem Dom nach 1952 mit hellen, lichten Wohnungen um Gartenhöfe ein Musterviertel des Frankfurter Wiederaufbaus geschaffen, auf das man im Hinblick auf die internationale Resonanz stolz sein konnte. Eine Zeitung schrieb: „Der neue Weckmarkt zeigt ein freundliches Gesicht… Die Häuser sind nicht uniform und ausdruckslos, sondern in Gestalt und Verarbeitung abwechslungs- und einfallsreich. Da gibt es Arkaden, Erker, Säulen und Rundbogen. Manchmal ist der Verputz feinkörnig, dann wieder herb, die Farben sind weiß, hellbeige und von einem zarten Rosa und einem weichen Grün; das Straßenbild bietet sich beruhigend und anregend zugleich.“ Auch heute noch lebt es sich gut und ruhig in den vergleichsweise billigen „Sozialwohnungen“ der fünfziger Jahre, bei denen schon vor 25 Jahren Tiefgaragen, Gemeinschaftswaschhaus und Spielplätze in den Grünanlagen zu urbanen Selbstverständlichkeiten gehörten. Nur vom Geschäftsleben hatte man sich mehr versprochen. Die Ruhezone um den Dom wird deshalb heute fast ausschließlich von Antiquitätengeschäften bevorzugt.

Mainfront von Südwesten

„Frankfurt am Main“ wird Frankfurt seit den ältesten Zeiten genannt (Franconofurd super fluvium Moin, 794), nicht erst zur Unterscheidung von Frankfurt an der Oder. Der Main war Frankfurts Lebensader, auf ihm kam Karl der Große, der sagenhafte Stadtgründer, Ende 793 von Würzburg, um in Frankfurt zu überwintern, auf ihm zogen die geistlichen Kurfürsten zur Wahlstadt der deutschen Könige, auf ihm fuhren die Handelsschiffe ab und zu, die bis weit ins 19. Jahrhundert alle vergleichbaren Stadtansichten von Südwesten beleben. Dann wurde es stiller um die Mainfront. Der Main versandete, als die Eisenbahnen den Verkehr abzogen. Zwar waren Tore und Türme der mittelalterlichen Befestigung schon früher gefallen. Um die Stadt zum Fluß hin zu öffnen, hat Großherzog Karl von Dalberg selbst die Leonhardskirche, Oberbürgermeister Franz Adickes gar das Karmeliterkloster opfern wollen. Aber die Entwicklung war an der Mainfront vorbeigegangen, auch der Schiffsverkehr ist heute überwiegend transitorisch. Die klassizistische, von so vielen Ausländern gelobte und mit Pariser Charme verglichene Randbebauung, an der Schönen Aussicht im Osten, am Untermainkai im Westen, war die letzte städtebauliche Veränderung – bis der Krieg zuschlug und das altdeutsch-freistädtische Idyll zerstörte. Die leeren Fensterhöhlen der mainseitigen Häuser beiderseits des Eisernen Stegs um Leonhardskirche und Saalhof, die Dächergerippe von Dom, Leonhardskirche und Rathaus, die Turmstümpfe der Nikolaikirche, der Paulskirche, des „Kleinen Cohn“ und des „Langen Franz“ (der beiden Rathaustürme) sind eine einzige Klage um das Verlorene. Gewiß gab es monumentalere Fluß- und Stadt-Silhouetten, etwa des türmereichen Köln oder des ehrwürdigen Mainz mit seinen großzügigen Kaianlagen. Aber Frankfurts Lage in der sanften Flußbiegung, zu Füßen des unverwechselbaren wohlproportionierten Einturms seiner gotischen Wahl- und Krönungskirche St. Bartholomäus, weckt Verständnis für den Slogan „Es will merr net in mein Kopp enei: Wie kann nor e Mensch net von Frankfort sei!“ (Friedrich Stoltze 1880). Heute geht es vor allem darum, das Mainufer wieder eine Visitenkarte Frankfurts werden zu lassen, das heißt vor allem, den Verkehr zu beruhigen und die Anlagen zu erweitern.

Mainfront mit Dom frontal vom Sachsenhäuser Ufer

Man muß die Kupferstiche von Matthäus Merian kennen, um zu verstehen, warum der Domturm, den Meister Madern Gerthener, Baumeister und Bildhauer zugleich, 1415 zu errichten begann, die „Stadtkrone" genannt wurde. Wie ein Schiff, von keinem höheren Bauwerk bedrängt, „schwamm" der Dom über den Dächern der alten Stadt. Und das muß man der Wiederaufbau-Generation lassen: Sie hat mit den niedriggehaltenen Neubauten (1952/54) an der Mainfront zwischen Saalhof und Alter Brücke der städtebaulichen Dominanz des Doms, dessen Dachpartien rekonstruiert wurden, keinen Abbruch getan. Auch heute lassen sich durchaus mainseitige Blickwinkel finden, bei denen kein Hochhaus vor die Linse kommt. Zwar bekam der Dom Konkurrenz durch das dreitürmige Technische Rathaus (1970–1972), doch blieben die „Elefantenfüße" in gerade noch erträglicher Distanz. Mit ihren umlaufenden Galerien die Waagrechte betonend, unter Pseudodächern sich duckend, suchen sie eher Angleichung als Widerpart. Von jüngeren Hochhäusern sind wir mittlerweile ganz andere Konfrontationen gewohnt. Natürlich kann die Nachkriegs-Uferbebauung heute nicht mehr befriedigen. Warum, zeigt der Vergleich mit den Verhältnissen der Vorkriegszeit: Der besondere Reiz der organisch gewachsenen Mainfront lag im unregelmäßigen Auf und Ab der Dächer, der Traufhöhen, der Fensterreihen und der unterschiedlichen Stockwerke beiderseits des Geistpförtchens (etwa über dem „Maagukker"). Alt-Frankfurt war eben keine Stadt aus der Retorte, sondern in Jahrhunderten gewachsen. Neues stand neben Altem, Gepflegtes neben Verfallendem. Alles hatte seinen berechtigten Platz, und selbst wo der Verputz abblätterte, war Leben im Milieu. Demgegenüber wirkt die Nachkriegs-Mainfront stereotyp und kalt, auch das „Färbeln" unserer Tage hilft da wenig. Wir müssen uns heute die Frage stellen, ob diese unrepräsentativen Bauten nicht besser unterblieben wären, um in wirklich großgenialer Lösung den Altstadtkern zum Fluß zu öffnen, wie dies in der Karolingerzeit der Fall war. Vielleicht hätte es Architekten gegeben, die sich den Dom-Römer-Bereich wie den Markusplatz in Venedig hätten denken können. Mit dem Bau der Kulturschirn ist die Chance vertan.

Mainfront mit Eisernem Steg von Südosten

Karl der Große, der im Sommer 794 in seiner Pfalz am Main eine berühmte Synode und Reichsversammlung hielt, womit Frankfurt aus dem Dunkel der Geschichte auftaucht, schrieb an spanische Bischöfe, daß man sich „in loco celebri, qui dicitur Franconofurd, latinae Vadus Francorum" versammelt habe. Damit ist klar, daß die „Furt der Franken", der strategisch wichtigste und verkehrsgünstigste Flußübergang des Untermains, den Namen der Stadt geprägt hat. Wie die Siedlung früher hieß, wissen wir nicht. Daß die „Dominsel" seit dem vierten vorchristlichen Jahrtausend bewohnt war, haben Ausgrabungen ergeben. Doch wo die Furt sich genau befand, läßt sich nur vermuten. Sprengungen des 19. Jahrhunderts und die Ausbaggerung des Flußbetts zur „Rhein-Main-Donau-Schiffahrtsstraße" haben die Spuren verwischt. Schon der Bau der Alten Brücke im 12. Jahrhundert dürfte in die Strömungsverhältnisse eingegriffen und Flußbetterosionen bewirkt haben, die zu unnatürlichen Vertiefungen führten. Sonst wäre die Furt dort oder wenig unterhalb zu suchen. Möglicherweise gab es mehrere Passagen. Eine sicherlich auch am Fahrtor, wo 1868/69 der Eiserne Steg entstand, ein Werk Frankfurter Bürger, die rascher nach Sachsenhausen kommen wollten. Daß hier der Fluß besonders seicht war, zeigt sich in der Tatsache, daß der linksmainische Treidelpfad hier auf das nördliche Ufer überwechselte. 60 cm Wassertiefe war kein Hindernis für Pferde. Am Rententurm (1456, rechts in der Vorkriegsaufnahme) war auch die Hauptanlegestelle der Reichsstadt, der „Weinmarkt", genannt nach dem Haupthandelsgut. Er zog sich bis zur Leonhardskirche (links) hin, durch Fahrtor und Holzpförtchen (beide 1840 abgerissen) gelangte man in die Stadt. Die im Bombenkrieg verschonten Frankfurter Brücken wurden erst in den letzten Kriegstagen (am 26. März 1945 drangen die Amerikaner in die Stadt ein) von deutschen Truppen gesprengt. Um die Hundertjahrfeier des Eisernen Stegs war er über Jahre hin illuminiert. Dies wieder zu tun, wäre ein Gewinn für die Mainfront.

Blick vom Alten Markt nach Westen zum Römerberg

Man nannte die Frankfurter Altstadt gern eine „gotische“, und wenn auch viele Häuser erst aus dem 17. und 18. Jahrhundert stammten: Der Gesamteindruck war in der Tat mittelalterlich, die Traditionen hielten sich hier länger als anderswo. Der weit überkragende Große Engel am Eck des Alten Marktes zum Römerberg war erst 1562 erbaut worden, sein reiches Schnitzwerk schon ganz der Formensprache der Renaissance verhaftet. Doch welch „gotischer“ Architektur-Zusammenklang mit dem Römer und dem Steinernen Haus! Da die Details des Großen Engel bekannt waren, die Profile des „steinernen Stocks“, das Gefüge des Fachwerks, die geschnitzten Ständer und Knaggen, war der Wiederaufbau (1983) im Zuge des Samstagsbergs möglich. Freilich konnte man die originalgetreue Restaurierung (nun ohne Verputz) nicht auch auf die parallelen Hintergäßchen, das Rapunzel-, Schwertfeger-, Drachen- und Goldhutgäßchen, ausdehnen, die vor dem Kriege im Fünffingerplätzchen zusammenliefen. Die rückseitigen Strukturen des Samstagsberges greifen zwar die Gäßchen auf, sind aber modern und zweckmäßig konstruiert und mit der Fachwerkzeile durch Übergänge verbunden, was die Nutzung der schmalbrüstigen Fachwerkhäuser erst möglich macht. Wiedererstanden aber ist der Altfrankfurter charakteristische Durchblick zwischen dem Großen Engel und dem Steinernen Haus auf den Römer.

Römerhöfchen, Treppenturm von Westen

Frankfurt in seiner Vorkriegs-Überlieferung war nicht eben reich an Beispielen der Renaissance. Die im Merianplan noch über die ganze Stadt verteilten Renaissancepaläste sind überwiegend der Neuerungssucht späterer Bauherren zum Opfer gefallen. Zwar waren die „steinernen Stöcke“, die feuersicheren Erdgeschosse der Frankfurter Fachwerkhäuser, meist mit schönen Renaissancearkaden und -konsolen ausgestattet, auch Treppen des gleichen Stils, in Stein oder in Holz, fanden sich noch in vielen Höfen. Sie waren nach außen gestellt, um den oft knappen Wohnraum nicht zu beschneiden. Das 1978 eingeweihte Stoltzemuseum (Töngesgasse 34/36) nutzt einen solchen durch mehrere Stockwerke führenden Treppenturm. Eine Treppenspindel von ungewöhnlicher Schönheit, mit offenen Brüstungsfeldern, behütet von einer achteckigen Haube und begleitet von einem ähnlich bemützten Wachhäuschen, blieb im sogenannten „Römerhöfchen“ erhalten. Das heißt, wie die Bilder zeigen, auch dieses Juwel Frankfurter Baukunst von 1627 war im Krieg stark beschädigt worden, ist aber 1953 in altem Glanz wiedererstanden. Die Treppe führt nicht in den „Römer“, von dem links die rückseitigen Fenster des Kaisersaals und der Torbogen der Römerhalle angeschnitten sind. Sie ist der Zugang zum Haus Alt-Limpurg, das erst 1878 zum Rathaus hinzukam. Man kann sich heute kaum vorstellen, daß das romantische Höfchen einmal durch eine übermannshohe Mauer geteilt war, die das hübsche Baudenkmal im unteren Teil zerschnitt. Das dekorative Herkulesbrünnchen (1904, von Joseph Kowarzik) stiftete der Frankfurter Kaufmann Gustav D. Manskopf, dem wir auch den Bronzeguß des Gerechtigkeitsbrunnens verdanken. Auch dieses Brünnchen kam nicht unlädiert über den Krieg, der die Fachwerkgeschosse des Hauses Silberberg (rechts) zerstörte.

Gerechtigkeitsbrunnen nach Norden gegen die Neue Kräme

Schon 1887 hatte der Stifter des Herkulesbrünnchens Gustav D. Manskopf (vgl. S. 38) den Gerechtigkeitsbrunnen erneuern lassen. Dessen Sandstein-Justitia (1611) war vom Zahn der Zeit so mitgenommen, daß Friedrich Stoltze ihrer spottete. Die Bronzeplastik von Friedrich Schierholz hat den Krieg wie durch ein Wunder an Ort und Stelle neben einem Löschwasserbecken überstanden, doch entführten sie 1945 die Amerikaner für zwei Jahre in das Dienstgebäude der Militärregierung. 1970 hat der Brunnen noch einmal vorübergehend dem U-Bahn-Bau weichen müssen. Mitunter fehlt die Waage oder das Schwert – Beute von Andenkenjägern oder Opfer von Demonstranten. Aber das gab es auch früher: Schon zur Zeit Victor Hugos, der 1838 Frankfurt besuchte, fehlte die Waage, weshalb er die Justitia (die Frankfurter trägt keine Binde) für eine Judith hielt. Beachtenswert sind neben dem schönen Schutzgitter, das viermal den vergoldeten Frankfurter Adler zeigt, auch die Renaissancereliefs des Sockels: vier Tugenden, wasserspritzende Nixen und

Groteskköpfe. Die künstlerische Empfindungs- und Formenwelt aus der Zeit vor dem Dreißigjährigen Krieg paßte zeitlich genau zu der schönen Schnitzfassade des Salzhauses (um 1610), das vis-à-vis der Justitia am Eck der Wedelgasse weit vorkragend aufragte, das nördlichste in der Fünfgiebelfassade des Römers. Die Obergeschosse, in Fachwerk wie beim linken Nachbarn, dem Haus Frauenstein, das im Gegensatz zum Salzhaus über und über bemalt war, wurden 1944 ein Raub der Flammen. Nur die steinernen Erdgeschoßarkaden konnten rekonstruiert werden. Über ihnen erhebt sich heute die kalte Betongotik der fünfziger Jahre. Wie Briefmarken kleben drei gerettete Schnitzfelderpaare, liebenswürdige Darstellungen der vier Jahreszeiten und Symbole ehelicher Fruchtbarkeit, übereinander in der linken Fensterachse. Ursprünglich schmückten sie in waagrechter Anordnung die Fensterbrüstungen des ersten Obergeschosses. Auch die Neue Kräme wurde in ihrem unteren Teil fast völlig vernichtet, wodurch der Paulsplatz seine unhistorische östliche Erweiterung fand, die nun zu einer schattigen Platanenlaube zusammenwächst. Nur das Eck zur Braubachstraße, die Kopfapotheke, blieb stehen.

Südseite des Römerbergs mit Nikolaikirche von Norden

Hätte man den Vorschlag des Stadtbaumeisters befolgt, so wäre die Nikolaikirche 1803 abgerissen worden. Seit 1530 war sie profaniert und Getreidespeicher. Mit der schließlich bewilligten Restaurierung erhielt sie 1843 nach dem Vorbild des Freiburger Münsters eine gußeiserne Filigranspitze, die 1903 schon so verrostet war, daß man bei der Erneuerung (1905) das steile Kupferdach aufsetzte, das noch heute die Silhouette bestimmt. Zum Südabschluß des Römerbergs gehörten nicht weniger das dreistöckige Walmdach der spätgotischen Halle und die auf hohen Konsolen umlaufende Galerie des Hans von Lich (15. Jh.) mit schöner Maßwerkbrüstung und filigranhaften Ecktürmchen. Vom romanischen Gründungsbau um 1260 stammen noch die unteren Turmgeschosse, der Chor und die Portale. Durch Jahrhunderte diente die Nikolaikirche als Ratskirche, und noch nach ihrer Profanierung nahm der Rat bei allen Festlichkeiten des Römerbergs auf der Galerie als einer trefflichen Aussichtskanzel Platz. (Der Römerbalkon stammt erst von 1896.) Bekannt ist, daß auch die Fenster der Bürgerhäuser rund um den Platz bei ritterlichen Turnieren, bürgerlichen Umzügen und Krönungsfeierlichkeiten für teures Geld vermietet waren. Alte Stiche zeigen, daß sich der Festplatz „Römerberg" mit Tausenden von Menschen füllen konnte. Die nächtlichen Römerbergfestspiele, denen die Kriegsverdunklung 1939 ein jähes Ende setzte, waren ein später denkwürdiger Nachglanz. Die seit 1949 von der Paulsgemeinde genutzte Nikolaikirche kam verhältnismäßig gut durch den Krieg: unter dem ausgebrannten Dach blieben die Gewölbe erhalten. Bisher sind die Bemühungen, den Römerberg wieder zu schließen, mißlungen. Die zu Anfang der fünfziger Jahre im Anschluß an die Römerfront errichtete Westseite mit Wohnungen über Geschäften befriedigt nicht. Wie ein steinernes Plattenlager drückt das Historische Museum (1970/72) heute von hinten auf die Nikolaikirche. Heute ist die optische Belastung schon weitgehend dadurch gemindert, daß der 1983 wiedererstandene Schwarze Stern (links von der Nikolaikirche) die östliche Hälfte des unschönen Bauwerks verdeckt. Ein übriges werden die Kletterpflanzen vollbringen, die den Sichtbeton übergrünen sollen, wenn man ihn nicht mit rotem Sandstein verblendet.

Löwenbräu
PRIMA APFELWEIN
Apfelwein eigener Keltern
Naturreiner Apfelwein

Ostseite des Römerbergs (Samstagsberg) von Westen

Um den Ostabschluß des Römerbergs, den die Bomben völlig zerstörten, wurde nach dem Krieg heiß diskutiert. Zwar hatte man sich an das unhistorische Visavis von Dom und Römer, an die nach Abräumung der Trümmer irgendwie imponierende Freifläche vor dem hochragenden Domturm gewöhnt, wenngleich seiner Architektur, die aus der engen Altstadt herauswuchs, die Freistellung widersprach und der Riesenparkplatz der fünfziger und sechziger Jahre der historischen Bedeutung des Altstadtkerns in keiner Weise gerecht wurde. Deshalb war es durchaus verständlich, diesen ungeheuer reizvollen Spielraum der Stadtplanung zunächst unberührt zu lassen, wennschon die Randbebauung – Sozialwohnungen der fünfziger Jahre im Süden, das Technische Rathaus (1972) im Norden – und die Vorgaben für U-Bahnhof und Tiefgarage in der Substruktur die weitere Entwicklung immer mehr einengten. Das Ergebnis eines Wettbewerbs der Jahre 1962/63, der zwischen Dom und Römer eine Abfolge moderner Bauten und Plätze vorsah, wurde schließlich nicht weiter verfolgt, nachdem sich das Stadtparlament 1978 der öffentlichen Meinung angeschlossen und den Wiederaufbau des Samstagsbergs in alter Form beschlossen hatte. In einem abermaligen Wettbewerb 1980, zu dem 103 Arbeiten eingingen, warben die Architekten von neuem um eine zeitgemäße Gestaltung von Frankfurts historischer Mitte, in der nun Alt (Samstagsberg) und Neu (Kulturzentrum zwischen Dom und Römer) verbunden sein sollte. Der überzeugende Vorschlag der Architektengemeinschaft Bangert, Jansen, Scholz, Schultes, Berlin, erhielt den 1. Preis, der auch zur Ausführung kam: Mit der rekonstruierten Zeile des Samstagsbergs (1983), dessen Fachwerk, da früher unter Schiefer verborgen oder verputzt, größtenteils „erfunden" werden mußte, sind zur Andienung und besseren Nutzung über schmalen Gäßchen moderne Anschlußbauten verbunden, während der Schwarze Stern (ganz rechts) von der Nikolaikirche zur „Kulturschirn" überleitet. Ihre Südfront, durch schmale Wohneinheiten kaschiert, nimmt den ehemaligen Altstadtcharakter nochmals auf. Mit den Häusern (von links nach rechts) Großer Engel, Goldener Greif (Schieferstein, Schnabel), Wilder Mann, Dachsburg (Klein Dachsberg, Schlüssel), Groß Laubenberg und Klein Laubenberg, woran sich über der Flößergasse noch der Schwarze Stern anschließt, ist nun der Römerberg wieder geschlossen.

Eingang zum Alten Markt (Römerberg-Nordostecke)

Mit dem hinter ihm aufragenden Dom gehörte der Große Engel zu den beliebtesten Fotomotiven Alt-Frankfurts. Zur Sakralgotik des Domturms von 1415 paßte die ganz spät, 1562, ans Eck des Samstagsbergs gestellte Profangotik aufs trefflichste. Der Große Engel, mit dem Kleinen Engel dahinter unter einem Dach verbunden, war in jeder Hinsicht ein exzentrisches Bauwerk: Über dem steinernen Stock mit dem charakteristischen Frankfurter Zwischengeschoß („Bobelage" = Ladengalerie) auf kaum 47 qm Grundfläche stieg das Fachwerkhaus in zwei Obergeschossen und drei Dachgeschossen kühn überkragend zu beträchtlicher Höhe auf, durch alle Stockwerke bis ins achteckige Dachtürmchen von einem rechteckigen Wanderker begleitet, der auf der Holzkonsole mit dem „großen Engel" stand. Außer der über und über mit Renaissance-Emblemen bedeckten Erkerkonsole fand sich auch sonst reiches Schnitzwerk: an den Eckpfosten – z. B. am Nordosteck eine eindrucksvolle Darstellung des Sündenfalls – und an den Knaggen, den Stützen der Stockwerküberhänge. Zeitweilig war das Haus ganz verschiefert, vor dem Krieg hatte man aber das Fachwerk im ersten Stock freigelegt. Das Spruchband, das der Engel in Händen hielt: „Diese Behausung sdehet in Gotes Handt,

zum Engel ist sie genandt. A. MDLXII" wirkte durch Jahrhunderte, die schicksalhaften Märztage 1944 aber waren mächtiger. Das Haus verbrannte, doch stand der steinerne Stock, wenn auch aus dem Lot geraten, noch bis 1950. Im März wurden die Reste, die man hätte erhalten und für eine Rekonstruktion verwenden können, abgeräumt. In den fünfziger Jahren hatte man anderes vor, doch wurden auch die beiden Gaststätten, die den Wiederaufbau des Samstagsbergs einleiteten (der jedoch bald steckenblieb), 1970 für den U-Bahn-Bau beseitigt. Seit 1983 steht der Große Engel wieder in alter Schönheit und kennzeichnet mit dem Steinernen Haus gegenüber den vom Dom kommenden Krönungsweg des Alten Marktes, in dessen Verlauf heute die Gedenkplatte im Boden liegt: „1939 – Zur Erinnerung – 1945." Zwischen dem 4. Juni 1940 und dem 24. März 1945 wurde Frankfurt von 33 Luftangriffen, zahllosen Störflügen und Tieffliegerangriffen heimgesucht. Tausende Tonnen Spreng- und Brandbomben zerstörten oder beschädigten vier Fünftel aller Bauten. Am 22. März 1944 löschte ein Großangriff den Altstadtkern völlig aus. Bei Kriegsende bedeckten 17 Millionen cbm Trümmer die Stadt, die um 14701 Gefallene und 5559 Bombenopfer trauerte."

Steinernes Haus von Süden

Das heute dem Großen Engel schräg gegenüber stehende Steinerne Haus war ursprünglich dem Alten Markt zugeordnet, der sich vor ihm trichterförmig verbreiterte und nach Norden die stille Straße Hinter dem Lämmchen entließ. Sie ist heute vom Technischen Rathaus überbaut. Das Steinerne Haus haben wir zwar wiedererhalten (1962), doch mit veränderter Erdgeschoßgliederung und einem modernen, von den Bedürfnissen des heute hier domizilierenden Frankfurter Kunstvereins bestimmten östlichen Anbau. Anstelle der alten Ladengewölbe entstand ein durchlaufender offener Arkadengang. Johann von Melem, ein reicher Handelsherr aus Köln, hatte sich 1464 den über einem Zwischengeschoß zweistöckigen Putzbau mit seinen schönen Sandstein- und Basaltlavagliederungen errichten lassen. Es war das vornehmste und letzte der Steinhäuser mit Zinnenkranz und Ecktürmchen, die um 1340 in Frankfurt Mode wurden und den Häusern mit Staffelgiebel (Römer, Lichtenstein u. a.) den Rang abliefen. Besonders das Steinerne Haus leugnet sein rheinisches Vorbild nicht, den zwei Jahrzehnte älteren Kölner Gürzenich. Aus der Zeit um 1490 stammte die „Madonna Jutta" an der Südwestecke des Hauses (Nachbildung 1967 von Georg Krämer), eine anmutige, bürgerlich-realistisch aufgefaßte Mutter-Kind-Darstellung, an die sich die Sage von der in den unbekannten Bildhauer verliebten Melem-Tochter knüpft. Der nicht mehr erneuerte hochaufstrebende gotische Baldachin war bereits eine Kopie von 1903. Die Zerstörung des Hauses datiert im März 1944, wobei auch die Original-Madonna abstürzte und zerschellte.

Hühnermarkt von Südwesten

In der Mitte des Alten Markts, über den sich vom Dom zum Römer der Krönungszug bewegte, öffnete sich der Hühnermarkt nach Norden mit zwei Ausgängen, nördlich zur Neugasse (im Trümmerbild links) und in der nordwestlichen Ecke vor dem Haus der aus Goethes Jugenderzählung bekannten „Tante Melber" zur Straße Hinter dem Lämmchen. Über ein Jahrhundert stand hier der Freythofbrunnen, bis er 1895 ans Roseneck wanderte (vgl. S. 29). Seine Stelle nahm seitdem das Stoltze-Denkmal von Friedrich Schierholz ein. Die Büste steht seit 1970 in der Grünanlage südlich der Katharinenkirche, die Sockeltrommel mit den Brunnenschalen wurde 1951 eingelagert, nachdem Metalldiebe eine der beiden Tauben und eine der drei Bronzetafeln gestohlen hatten. Der Hühnermarkt war das alte Zentrum der präurbanen Siedlung. Hier wurden die Fundamente einer römischen Villa gefunden, die, etwas versetzt, der fränkischen Pfalzanlage vorausging. Freilich, der Hühnermarkt hatte schon früher durch unschöne Bauten des 19. Jahrhunderts sehr an Fluidum verloren, doch versuchte man in den Vorkriegsjahren, die nüchterne Front der Ostseite durch einen vorgehängten Erker wie auch durch Sgraffitos nach den bekanntesten Stoltzegedichten zu beleben. Älter, aus der zweiten Hälfte des 17. Jahrhunderts, war die Bemalung des Hauses Schildknecht in der Nordostecke des Platzes. Es hatte den kühnsten Frankfurter Überhang auf einer dreifach gestuften Konsole von fast zwei Metern Kragweite. Interessanter noch war die Südwestecke mit dem Alten Roten Haus, aus dessen Erdgeschoßarkade die Vorkriegsaufnahme gemacht wurde. Es hieß auch das „Haus auf den drei Säulen", und so wird es schon 1360 genannt. Es war ein Ständerhaus oder Schirnhaus mit offenem Erdgeschoß, aber mit eingebauten Verkaufständen der Metzger, den sogenannten Schrannen oder Schirnen. Zwischen ihnen hindurch ging man in den Tuchgaden. Die Originalschirnen waren zwar längst verschwunden, aber dem mittelalterlichen Bild angenähert, auch mit den verschieferten Vordächern, den Schoppen, zeigte sich das Rote Haus bis zur Zerstörung 1944, als die siebenhundertjährigen Eichenbalken im Feuersturm verglühten. Der gleiche Blickwinkel erfaßt heute nur noch das Technische Rathaus, wobei der Fotograf weiter zurücktreten mußte.

Goldene Waage, Ecke Alter Markt/Höllgasse

Wie der Große Engel den Westeingang, so markierte die Goldene Waage den Ostanfang des Alten Marktes. Auch sie gehörte mit dem Salzhaus und dem Schwarzen Stern zu den „reichen" Fachwerkhäusern um 1600, zugleich deren letztes, erbaut 1619 von dem reichen Zuckerbäcker und Gewürzhändler Abraham van Hamel aus Tournai. Zweigeschossig über steinernem Erdgeschoß wirkte die nach ihrem Hauszeichen benannte „Goldene Waage" trotz dreigeschossigem Dach eher zierlich. Zierlich erscheint auch die feine Diamantquaderung der sechsfachen Bogenstellung, die noch Raum gab für ein Zwischengeschoß mit schönen Oberlichtgittern. Das Hauszeichen hing an einem kupfergetriebenen Arm über der reich skulptierten, figürlich belebten Renaissancekonsole, die wie die Reste der Arkaden heute in einer Villa in Götzenhain eingebaut ist. Was die Goldene Waage, die 1928 vom Historischen Museum als typisches Frankfurter Bürgerhaus eingerichtet wurde, besonders liebenswert machte, war ihr Dachgarten, das „Belvederchen", eine luftige, schattige Laube auf dem südlichen Hofflügel. Von hier genoß man den Blick über die Dächer der Altstadt. Die Reste des Freisitzes sind auf dem Trümmerbild noch gut zu erkennen. Heute liegt hier der „Archäologische Garten", das konservierte Ausgrabungsfeld der Karolingerpfalz, eingerahmt von der „Kulturschirn" (links) und dem Technischen Rathaus (rechts) mit der Einfahrt zur Römerberg-Tiefgarage. Der Straßenzug des Alten Marktes lebt in der zum Römer führenden Fußgängerrampe bescheiden fort. Rechts neben der Rotunde der Kulturschirn schaut noch der Turm der Nikolaikirche heraus.

Zum Kannengießer
HANSA GROSS WÄSCHEREI
ZIGARREN
ZIGARREN

Kannengießergasse von Osten

War der Alte Markt der belebte Westausgang des Altstadtkerns, so öffnete sich nach Osten die Kannengießergasse trichterförmig zur Fahrgasse, die den Durchgangsverkehr von der Alten Brücke tangential vorbeiführte bzw. – modern gesprochen – die Verteilerschiene übernahm. Der Altstadtkern selbst war somit schon vor Jahrhunderten eine „verkehrsberuhigte“ Zone. Der Blick in die Kannengießergasse von der Fahrgasse aus bot eins der schönsten Straßenbilder von Alt-Frankfurt, durchgängig Fachwerkhäuser des 16. und 17. Jahrhunderts, meist in Giebelstellung oder doch mit großen Zwerchhäusern zur Straße, die dem Warenaufzug dienten und das spitzgiebelige Milieu betonten. Nur das Haus Nydeck links stammte aus der Barockzeit. H. Th. Wüst, der in der Presse der dreißiger Jahre viele Frankfurter Gassen porträtierend dokumentiert hat, schrieb am 10. Januar 1943 (!) im Frankfurter Volksblatt zu einer Zeichnung von Richard Enders: „Man muß auf die östliche Seite der Fahrgasse treten, da, wo in deren südlichem Teil die Kannengießergasse abzweigt, um das barocke, spitzwegische Bild in seiner ganzen Eigenart und traulichen Schönheit genießen zu können, das diese in Jahrhunderten organisch gewachsene, engverschachtelte und von der Last der Zeit vornübergebeugte enge Gasse darbietet... Die ganze Kannengießergasse, hinter der wie ein riesiger Wächter der Domturm steht, ist ein köstlich-malerisches Frankfurter Heimatgut, ein einziges Bau- und Stadtdenkmal. Sie gehört in ihrer Originalität und mit der Lebendigkeit des Vergangenheitsbildes zu den ‚Merkwürdigkeiten‘, an denen die Stadt des deutschen Handwerks auch heute noch reich gesegnet ist – eins der schönsten Blätter aus dem Buche der deutschen Kulturgeschichte.“ Wenige Monate später war hier nur noch ein Trümmerhaufen, in dem keine Wand mehr stand. Die Straße zwischen Domplatz und Fahrgasse gibt es auch heute noch mit etwas veränderten Fluchtlinien, besonders auf der Nordseite. Aber das Kleinod, um das uns Nürnberg und Rothenburg hätten beneiden können, ist dahin. Die Neubauten der fünfziger Jahre, vor allem auf der Südseite, wo sich zu deutlich die Wohnungsrückseiten zeigen, sind kalt und nüchtern. Von den freundlicheren Gartenhöfen dahinter zeigt die Straße nichts.

METZGEREI
Schleiferei
Kümpel

Weckmarkt (Garküchenplatz) nach Osten

Der Weckmarkt südöstlich des Domchors hieß auch „Garküchenplatz" – nach den zwerchgiebelgezierten einstöckigen Reihenhäuschen der Platzinsel, die aus „Schnellimbißstuben" der frühen Neuzeit hervorgegangen waren. Wir sahen den Platz bereits von oben, auf den Seiten 28 und 29. Den Ostabschluß vor der Fahrgasse bildete die 1939 renovierte Mehlwaage von 1715/17, der ein älterer Bau von 1438 vorausging. Zuletzt war sie Ausstellungshalle des Frankfurter Handwerks, früher nicht nur Mehlwaage, sondern auch Schuldgefängnis, wozu 1775 das Dachgeschoß ausgebaut wurde. Man konnte sie mit Lastfuhrwerken durchfahren. Am 9. November 1779 wurde sie von der Metzgerzunft gestürmt, als diese einen dort gefangengehaltenen Zunftgenossen befreite. Im März 1944 brannte sie bis auf die Umfassungsmauern aus. Die Reste wurden gesprengt, was nicht nötig gewesen wäre, denn die Mehlwaage stand noch bis in Traufhöhe. Hier war mehr Substanz vorhanden als beim schräg dahinter liegenden Fürsteneck, einem früheren Beispiel (um 1360) jener prominenten Steinhäuser mit Zinnenkranz und Ecktürmchen, die wir in ihrem letzten Vertreter, dem Steinernen Haus (vgl. S. 48/49), bereits kennengelernt haben. Eigentlich wohnten hier um den Dom bis ins 14. Jahrhundert die Frankfurter Juden. Aber sie wurden 1349 ausgerottet bzw. vertrieben. Spätere Generationen schloß man 1462 ins Getto der Judengasse (heute Börnestraße) ein. Das verkehrsgünstig gelegene Eckgrundstück an der Fahrgasse, wo die Kaufmannszüge passierten, erwarb der Frankfurter Patrizier Johann von Holzhausen vom Kurfürsten von Mainz (daher „Fürsteneck") und baute sich darauf um 1360 seinen hochragenden Stadtpalast, dessen Zinnenkranz das gotische Dach verdeckte. Zum Anwesen gehörte auch der von späteren Häusern umbaute Turm zu den Drei Sauköpfen, in seiner Wehrhaftigkeit sicher als letztes Refugium in Aufruhrzeiten gedacht. Der Grabstein des reichen Bauherrn und seiner Frau Gudula ist im Dom erhalten. Das Fürsteneck war zuletzt bis zu seiner Zerstörung Sitz des Bundes tätiger Altstadtfreunde. Eine kostbare Wandtäfelung von 1615 kam 1891 ins Kunstgewerbemuseum, wurde aber ebenso ein Opfer des Krieges wie die zugehörige Stuckdecke, die am Ort verblieb. Heute erinnert am östlichen Weckmarkt nichts mehr an die Vergangenheit.

Weckmarkt nach Westen, Blick in die Saalgasse

Während sich am östlichen Weckmarkt, wenn auch in Abkehr von jeglicher Tradition, die Wunden des Krieges geschlossen hatten, klaffte im Westen gegen die Nikolaikirche lange die Lücke, die Bomben und Brand dem Altstadtkern bescherten. Hier ist nun längs der Saalgasse, die seither nur mainseitig mit Sozialwohnungen der fünfziger Jahre bebaut war, eine neue anspruchsvollere Häuserzeile im Entstehen. Sie wird einmal den massiven Riegel der „Kulturschirn" (Gerüst) verdecken und in schmalen Fronten einen Hauch von ehemaliger Altstadt erzeugen. Verdecken kann sie den schicksalhaften Wandel der alten Gassen nicht. Welch ein Verlust an Urbanität! Was bedeutet schon das Leinwandhaus, das 1984 als Galerie und Gaststätte, in seiner gotischen Form, seinen Ecktürmchen und seinem Zinnenkranz vorbildlich restauriert, wiedererstand (links hinter dem Betrachter), angesichts der Altstadtstruktur, wie sie sich in der unzerstörten Westfront des Weckmarktes darstellte! Welch organische Vielfalt! Da sind die Renaissance-Doppelgiebel des Storchen (ganz links) vor dem Eingang zur Saalgasse, rechts gegenüber die gotischen Doppelgiebel des Ungar und Freienstein, deren Fachwerk nie freigelegt wurde. „Auffällig an der Architektur der durch die Anmut ihrer Proportionen ausgezeichneten Häusergruppe... ist der erst mit dem zweiten Obergeschoß beginnende Überhang. Er ruht auf stark geschweiften Kragsteinen, ein zweiter Überhang trägt das dritte Stockwerk, denn schwingen sich die schlanken Giebel empor, die eine entzückende gotische Kulisse des Platzes zu Füßen des Domturmriesen bilden" (H. Th. Wüst im Frankfurter Volksblatt, 20. 9. 1942). Rechts schließt sich der Krautmarkt an, wo in dem barocken Haus Wolkenburg zuletzt der Spanier Ramon Riart seine beliebte Weinstube führte. Man denke sich weiter folgend die Häuser der Höllgasse: Miltenberg, Alte Hölle, bis hin zur Goldenen Waage (vgl. S. 52/53). Lange noch wachte in den Trümmern des Krautmarkts einsam der Schöppenbrunnen, die Erinnerung an Frankfurts Rang als Wahl- und Krönungsstadt, der heute im Gartenhof an der Limpurger Gasse steht.

Zum Storch
Dämmtechnik

ZIGARREN
BINDING BIER
ASPFELWEIN

Saalgasse, Heiliggeistplätzchen nach Nordosten

Der Name geht auf das Heiliggeisthospital zurück, das seit dem Mittelalter von hier bis zum Main reichte. Die gotische Kirche des Fremdenhospitals besetzte die Südfront des Platzes. Sie wurde 1840 ebenso rücksichtslos abgetragen wie der gewölbte Krankensaal, für dessen Erhaltung sich schon damals „Bürgerinitiativen" – vergeblich – rührten. Das Hospital sollte an der Langen Straße neu erstehen, man brauche die vom alten Grundstück erwarteten Mieten: Schon damals ging Gewinn vor Pietät. Das Mietshaus von 1840 warf noch 1942, als die Vorkriegsaufnahme des Plätzchens entstand, seine Schatten. Die von Malern und Fotografen bevorzugte Schauseite war eher die östliche mit dem Domturm über den unterschiedlich gestaffelten Giebelhäusern. Den fotogenen Vordergrund bildete der „Tugendbrunnen" (1768), der, 1967 renoviert, nun Ecke Hasengasse/Töngesgasse vor der Stadtsparkasse steht. Vielleicht wäre nach den Oktoberangriffen 1943 (1. Zerstörungsbild) die Altstadt noch zu retten gewesen. Das Endstadium der Zerstörung (2. Trümmerbild) entschuldigt den modernen Wiederaufbau der Saalgasse, denn eine totale Rekonstruktion der Altstadt lag außerhalb aller Möglichkeiten.

Paulskirche von Südosten

Goethe schrieb 1797 über die klassizistische Paulskirche, die Stadtbaumeister Liebhardt 1789/92 an der Stelle der abgebrochenen gotischen Barfüßerkirche begonnen hatte: „Sie ist als Gebäude nicht verwerflich, ob sie gleich im allermodernsten Sinne gebaut ist. Allein... hat man wohl den größten Fehler begangen, daß man zu einem solchen Platz eine solche Form wählte." Goethe hatte recht. Der elliptische Rundbau mit seinen imponierenden Abmessungen (40x30 m, 28 m hoch bis Traufhöhe) hätte freistehen müssen, etwa wie die wenig frühere Ludwigskirche in Saarbrücken. Nur um den Turm, der erst 1833 hinzukam, bildete sich im nachhinein der Paulsplatz, als die Alte Börse (östlich, 1840) und der Rathaus-Nordbau (westlich, 1900/08) die Fluchtlinien zurückdrängten, die an den übrigen Seiten die Paulskirche bis zur Zerstörung beengten. So ist die durch Altstadtzerstörung und Durchbruch der Berliner Straße bewirkte Freisetzung eigentlich ihrer Form gemäß, doch ist diese heute arg verstümmelt, und zwischen Platz- und Kirchenachsen besteht kein Einklang. Schlimmer als die heutige abgewandte Lage ist die Verschandelung durch den „Wiederaufbau" zur Jahrhundertfeier der Frankfurter Nationalversammlung am 18. Mai 1948. Aus der einstigen, im März 1944 zerstörten Emporenkirche wurde eine kalte, weißgetünchte Festhalle, unter einer Flachkuppel anstelle des riesenhaften Mansarddachs. Ebenso schlimm wie die Veränderung der äußeren Dimension und der inneren Aufteilung (Anhebung des Saalbodens zur Gewinnung eines Wandelgangs und eines Garderobengeschosses) war der Eingriff in die Außengliederung: Für die Wandelhalle wurden die Eingänge vertieft und in den Sockel zusätzlich quadratische Fenster gebrochen. Auch die heutige großflächige Verglasung entspricht nicht der Tradition, die nur Sprossenfenster kannte. Solch gravierende Eingriffe in die Substanz machen leider verständlich, daß man die von allen Seiten gewünschte Wiederherstellung der historischen Paulskirche stets vor sich herschiebt. Leichter wird man mit der Rekonstruktion des Einheitsdenkmals (1903) zuwege kommen, dessen 1941 eingeschmolzene Bronzen nachgegossen werden sollen. Am Rathaus-Nordbau hat der Krieg nur das neubarocke Dach zerstört. Das 1963 dafür aufgesetzte Flachgeschoß ist unpassend und scheußlich.

Haus Deutscher Ring

Grosser Kornmarkt
NEU

Bethmannstraße nach Westen

Nicht erst Krieg und Nachkriegszeit haben die Stadt verändert, auch frühere Generationen haben an ihr experimentiert. Die Bethmannstraße ist ein gutes Beispiel. Sie entstand 1898 aus der Schüppengasse, d. h. deren Nordfront ließ man unangetastet, aber die Südseite wurde so zurückgenommen, daß das Eckhaus zur Buchgasse (vorn links zu denken), die alte Lutherherberge zum Strauß, dem „Altstadtdurchbruch", der sich in der Braubachstraße fortsetzte, weichen mußte. Dafür bekam der Basler Hof, die Bethmannbank, seine ansprechende neubarocke Form mit dem schönen, noch bestehenden Hoftor (1905). Das Hauszeichen, ein lebensgroßes Abbild des 1577 in Frankfurt gezeigten Straußenvogels, kam an die neue Nordfront (mit schwedischer Konsulatsfahne). 1973 ließ es Baron Bethmann in einer Torfüllung weiter westlich erneut aufmalen. Übrigens, die alte Schüppengasse hatte in ihrer Biegung eine Delle. Der Ausgleich zur Straßenbahntrasse geschah über Rampen und Treppen. Über sie waren die nördlich abzweigenden Gassen, von denen die Rosengasse den Namen Schüppengasse annahm, zu erreichen. Am Haus Heidentanz legten die Altstadtfreunde 1923 das Fachwerk frei. Aber nicht erst im Krieg, schon 1938 hatte die letzte Stunde für das Viertel geschlagen. Um Goldfedergasse, Schüppengasse und Rotkreuzgasse wurde großflächig saniert, d. h. abgebrochen, um einem neuen Wohngebiet, der Eckermannstraße, Platz zu machen. Der Heidentanz wurde zerlegt, um (nach dem Krieg) in der Bendergasse wieder aufgebaut zu werden. Mit dem Großen Speicher dahinter hatte man ähnliches vor. Die radikalen Neuerer wollten gar das ganze Eck bis zur Deutschreformierten Kirche einem Großparkplatz opfern. Doch der Krieg war schneller. Die Eckermannstraße blieb in ihrem Anfang (er steht noch heute) an der Weißadlergasse stecken, an der Bethmannstraße war die Freifläche eben recht für ein Löschwasserbecken (vgl. S. 72). Dort in der Nähe steht 1946 der Handkarrenschieber, sich den Kopf kratzend. Die Ruinen im Hintergrund folgen dem Lauf von Kaiserstraße und Roßmarkt. Ganz links ist der Schornstein des Frankfurter Hofs zu sehen. 1953 hat der Bundesrechnungshof das Ruinenfeld besetzt. Die Bethmannbank wurde vereinfacht wieder hergestellt.

Großer Kornmarkt nach Süden zur Buchgasse

Auch der Große Kornmarkt hat sich in verblüffender Weise verwandelt. Wir können seine Metamorphose natürlich nicht bis ins Jahr 1219 analysieren. Damals, als Kaiser Friedrich II. der Frankfurter Bürgerschaft das Areal schenkte, auf dem die Leonhardskirche entstand, damals schon wurde der Kornmarkt („forum frumenti") zur Lokalisierung verwendet. Aus seinem südlichen Teil entstand die Buchgasse, als schon im Reformationszeitalter die Frankfurter Buchmesse blühte und die Verleger alle verfügbaren Gewölbe in Händen hatten. Im Mittelalter muß der Große Kornmarkt ein Prominentenviertel gewesen sein. Doch die große Zeit der Patriziersitze war im 19. Jahrhundert längst vorbei. Das Gassenviereck des Großen Goldstein hatte der Buchhändler Brönner erworben. Er ließ das in seinem südwestlichen Eckturm an der Limpurger Gasse bis in romanische Zeit zurückreichende Karree für einen barocken Zweckbau niederlegen. In ihm wohnte auch die Familie Bethmann-Metzler, bei der Goethes Mutter häufiger Gast war. 1900/05 entstand hier der Rathaus-Südbau mit seinen beiden Türmen (vgl. S. 27). Der (nördliche) 70 m hohe „Lange Franz", benannt nach dem hochgewachsenen damaligen Oberbürgermeister Franz Adickes, lehnte sich an den 1765 abgebrochenen Sachsenhäuser Brückenturm an. Der (südliche, kleinere) „Kleine Cohn" suchte in der volkstümlichen Namengebung liebenswürdige Anlehnung an das Frankfurter Judentum, das in Wirtschaft und Gesellschaft um die Jahrhundertwende eine beachtliche Rolle spielte. Die Turmbekrönung replizierte nicht den romanischen Vorläufer, den Alten Goldstein, sondern das Salmensteinsche Haus aus der Merianzeit, das rittlings auf der Stadtmauer am Fischerfeld saß. Im Vordergrund der Vorkriegsaufnahme schiebt sich der Rathaus-Nordbau ins Bild (vgl. S. 62), der heute unerfreulich verstümmelt ist. Die im Trümmerbild vorn noch sichtbare Nr. 12, der Nicolaus Pigage zugeschriebene Große Korb (1795/99), fiel in den Nachkriegsdurchbruch der „Ost-West-Achse", die seit 1955 Berliner Straße heißt. Sie räumte auch die Deutschreformierte Kirche ab, die 1789/93 auf der Westseite des Großen Kornmarkts entstanden war und den von Groß-Stalburg (1946), eines exzellenten gotischen Patrizierhauses, gefordert hatte. Ergo, schon früher war in Frankfurt das einzig Beständige der Wandel.

Großer Kornmarkt nach Norden zum Kleinen Kornmarkt

Und noch einmal der Große Kornmarkt, nun in Gegenrichtung, mit dem Rathaus-Nordbau, dem Haus Lindheim hinter dem Barfüßergäßchen, das zur Paulskirche zog, und dem fünfstöckigen Großen Korb, einem bedeutenden großbürgerlichen Stadthaus des Klassizismus (Nr. 12, vgl. S. 67), das sich der Bankier Johann Georg Sarasin leisten konnte. 1856–1889 war hier das Appellationsgericht untergebracht. Dahinter folgte der Kleine Korb am Eck des Ilbenstädter Gäßchens. Der hohe Giebel gehört zum Großen Schornstein (Nr. 18), einem stattlichen Bau von 1788. Hinter der Abzweigung der Weißadlergasse (links) und der Großen Sandgasse (rechts) verengte sich die Straßenflucht zum Kleinen Kornmarkt, der mit prächtigen Fachwerkhäusern (Nr. 13, 17, 19) besetzt war, die noch ins Mittelalter zurückreichten. An der Ostseite

steht seit 1956 das Parkhaus Hauptwache. Trümmerbeseitigung und Wiederaufbau haben vielfach in der Stadt zu Nivellierungen geführt. In dieser Bildfolge aber spürt man noch etwas vom Anstieg der Stadt aus der Braubachniederung, die den Altstadtkern und den „Karmeliterhügel" umschloß, zur „Roßmarktterrasse" (Hauptwache), wo die hochmittelalterliche Stadt zu Ende war. Die Katharinenpforte (das an den Kleinen Kornmarkt anschließende Straßenstück heißt heute noch so) ist im Merianplan noch als romanisches Torhaus zu erkennen. Die Katharinenkirche – ihr Turm ist Augenpunkt in allen drei Bildern – entstand in der überlieferten Form allerdings erst 1678/81. Das letzte Bild wurde tief aus der Buchgasse aufgenommen. Auffallend ist die unhistorische Verengung des Großen Kornmarkts durch den Bundesrechnungshof (1953).

LER

Goethehaus im Großen Hirschgraben von Süden

1978 kamen 150000 Besucher ins Goethehaus. Das war nicht immer so. Nachdem Goethe nach Weimar und Goethes Mutter an die Frankfurter Hauptwache verzogen waren, versank Goethes Vaterhaus in Anonymität. Es kam in andere Hände, bis es der Gründer des Freien Deutschen Hochstifts (1859), Dr. Otto Volger, wieder ins Bewußtsein der Zeitgenossen rückte. Es wurde mit der teilweise erhaltenen Einrichtung in den Zustand der Erbauungszeit (1755/56) versetzt und erfreute sich bald steigenden Interesses. Heute kommen 20 % der Besucher aus fernöstlichen Ländern. Dabei ist das Frankfurter Goethehaus gar nicht mehr das Original. Auch dieses Welt-Kulturdenkmal wurde am 22. März 1944 bis auf die Eingangsstufen und zwei Fenstergewände ein Opfer der Vernichtung. Für die gerettete Einrichtung wurde es wieder aufgebaut. Am 10. Mai 1951 war die Wiedereröffnung, zu der Theodor Heuss sagte, künftigen Generationen werde es gleichgültig sein, ob die Steine aus dem 18. oder 20. Jahrhundert stammten.

Berliner Straße nach Osten

Diese Bilddokumentation verdient besonderes Interesse, erfordert aber ein wenig topographisches Einfühlungsvermögen, denn ein Blick, wie er sich heute vom Eck des Großen Hirschgrabens bietet, war früher nicht möglich. Zwischen Hirschgraben und Kornmarkt versperrten in Nord-Süd-Richtung verlaufende schmale, in die Bethmannstraße mündende Gäßchen den Blick nach Osten. Die Goldfedergasse (Bild links) war die erste. Sie zog vom Hirschgraben zum Bethmannhof, über dem (2. Bild) der „Kleine Cohn", der südliche der Rathaustürme, aufragt. Nach Osten folgten die Schüppengasse (Rosengasse), Rotkreuzgasse und Zitronengasse. Nicht erst der Durchbruch der „Ost-West-Achse" (1953), die seit 1955 Berliner Straße heißt und die hinter der Paulskirche dem Verlauf der Schnurgasse folgt, hat hier die Altstadtstruktur vernichtet. Schon zwischen den Kriegen schien das heruntergekommene Viertel, in dem sich die Frankfurter Dirnen angesiedelt hatten, nicht mehr tragbar, eine Objektsanierung nicht durchführbar. 1938 begann der Abbruch mit der Ostseite der Goldfedergasse und der Aufschüttung der Eckermannstraße (2. Bild), die man auch im Zerstörungsbild von der Bethmannstraße aus, also nach Nordosten, schon etwa in Richtung des späteren Durchbruchs sieht. Nur nördlich der Berliner Straße, an der Weißadlergasse, blieben die Kopfbauten der Eckermannstraße, die man in der Überzeugung, der Altstadt Licht und Luft gebracht zu haben, noch in den ersten Kriegsjahren errichtet hatte, erhalten.

Schnurgasse 63/65, Nürnberger Hof, jetzt Berliner Straße 33/35

Alt-Frankfurt war nicht nur reich an großbürgerlichen Stadthäusern, sondern auch an patrizischen Wirtschafts- und Handelshöfen. Zu ihnen gehörte der bis ins Mittelalter zurückreichende Glauburger Hof, der im 15. Jahrhundert von den Nürnberger Meßkaufleuten als Quartier bevorzugt wurde. Als sich demzufolge der Name Nürnberger Hof durchsetzte, wuchs er mit dem nördlich angrenzenden Schmiedhof zusammen und reichte schließlich in äußerster Längsstreckung von der Straße Hinter dem Lämmchen bis zur Schnurgasse, wo die balustergeschmückte Einfahrt um 1720 entstand. Die südliche, sterngewölbte Torfahrt, vielleicht von Dombaumeister Madern Gerthener, entstand schon früher, um 1410, und ist heute zwischen den Häusern Braubachstraße 29 und 33 eine Frankfurter Sehenswürdigkeit. Den nördlichen Torbogen hat man von der Schnurgasse in den Hof des Sozialamtes, Berliner Straße 33/35, zurückversetzt (2. Bild), als die „Ost-West-Achse" (vgl. S. 72) bis zu 14 Meter Terrain verlangte. Es ist dies um so bedauerlicher, als nach dem Kriege noch das ganze Tor-Ensemble erhalten war, wie die 1950 von der Ziegelgasse gemachte Aufnahme beweist (1. Bild), und das an seine Stelle getretene Bürogebäude (4. Bild) nur der Zweckmäßigkeit und nicht der Ästhetik verpflichtet wurde. Im übrigen ist der Nürnberger Hof schon 1904/05 zerbrochen, als sein Mittelstück mit den Hauptgebäuden in den Durchbruch der Braubachstraße fiel. Daß hier von 1497 bis 1522 Jakob Heller, der Dürerfreund, einer der größten Frankfurter Kaufleute und Mäzene, wohnte und Kaiser Friedrich III. und Maximilian I. hier als Gäste abstiegen, war schon damals nur noch ferne Reminiszenz an längst vergangene Zeiten. Die Schnurgasse, eigentlich Schnurrgasse, war die mittelalterliche Webergasse Frankfurts und hieß dementsprechend in alten Zinsbüchern Vicus textorum. Das ununterbrochene Schnurren oder Schnarren der Hunderte von Webstühlen gab den volkstümlichen Namen. Als es um die Namengebung der neuen Straße ging, war der alte Name obsolet geworden, und der Frankfurter, der meinte, nun sei schnurstracks aus der Schnurgasse eine schnurgerade Schnurstraße geworden, konnte dies nur ironisch gemeint haben. Die Parteien brachten ihre Vorschläge ein: die FDP „Straße des 17. Juni", die CDU „An der Paulskirche", die SPD „Kurt-Schumacher-Straße", der Magistrat „Am Nürnberger Hof". „Berliner Straße" (1955) war schließlich eine gute Wahl.

Colonial-Waren
Obst & Gemüse
Durchgang
verboten.
MAGGI
Kula
Kula
SOLO
Flammers
Seife

Liebfrauenkirche von Süden

1318 hieß der Liebfrauenberg „Rossebühl", war also ein Vorläufer des Roßmarkts. Damals stiftete der Frankfurter Patrizier Wigel von Wanebach, dessen Bildnisgrabstein in der Kirche erhalten ist, an der Nordseite des Platzes eine Marienkapelle, aus der sich nach mehreren Erweiterungen die heutige Liebfrauenkirche entwickelt hat. Bemerkenswert sind der hohe Chor (1506/09) und der abseitige Glockenturm, der auf der staufischen Stadtmauer steht und vernünftigerweise nach dem Krieg um ein Stockwerk erhöht wurde. Leider war es beim Wiederaufbau 1952/54 der im März und September 1944 stark zerstörten Kirche nicht möglich, die zum Platz gerichtete Schauseite wieder mit den wimpergartigen Spitzgiebeln über den Seitenkapellen zu bereichern, die schon um 1765 abgetragen worden waren. Erfreulicherweise hat man wenigstens das langweilige Schleppdach durch kleine, den ursprünglichen Zustand markierende Querdächer ersetzt. Umbaut war die Kirche schon immer. Die bereits von Goethe gewünschte Verbindung zur Zeil (Liebfrauenstraße) wurde 1855 durchgebrochen, doch hat man auch damals auf einen noch so schmalen Eckbau (ein ähnlicher stand gegenüber) nicht verzichten wollen. Der Volksmund hat die unschönen Steinmassen nur „Malakoff" genannt, nach einem stark umkämpften Fort des Krimkriegs. Heute liegt die Westfront der Kirche frei. Die Läden auf der Südseite wurden 1830 in einer Bogen- und Pilastergliederung zusammengefaßt, die das ursprüngliche Südportal verdeckt. Versteckt und zugleich geschützt, heute nur vom Innern der Kirche zugänglich, verbirgt sich dort im Giebelfeld ein Kunstwerk von europäischem Rang, eine äußerst eindrucksvolle Anbetung der Könige aus der Zeit um 1420, die Dombaumeister Gerthener zugeschrieben wird. Der Liebfrauenbrunnen stammt von 1770/71 und wurde 1973 erneuert. Heute gehört der Liebfrauenberg zur Fußgängerzone zwischen Römerberg und Zeil. Anlieferung mit Autos (3. Bild) ist nur morgens gestattet.

Liebfrauenkirche, Inneres, Blick in den Chor

Das Innere der Liebfrauenkirche lebte vom Reiz des Gegensatzes. Während die Architektonik, die weite Halle, die schlanken quadratischen, an den Ecken abgeschrägten Pfeiler, das unregelmäßige Netzgewölbe, die abwechslungsreichen Maßwerkfenster in der gotischen Formensprache des 15. Jahrhunderts redeten, bestand die Innenausstattung in einer Fülle von Barock- und Rokokoaltären, die nach Renovierung 1939/40 (!) hervorragend zur Geltung kamen und sich mit der gotischen Architektur durchaus vertrugen. Der leichte und beschwingte Aufbau des Hochaltars (1764/65) macht dies besonders deutlich. Auch die elegante, reich stuckierte und verzierte Kanzel (1770) war ein Schmuckstück der Kirche, die von den Frankfurtern immer geliebt wurde und auch heute von zahlreichen andächtigen Passanten besucht wird. Sie war Stiftskirche bis 1802. Säkularisiert kam sie in den Besitz der Stadt, doch blieb sie (innerhalb der Dompfarrei) dem katholischen Ritus erhalten. 1917 zogen die Kapuziner ein, die auch heute noch die Gottesdienste – seit 1939 mit Pfarr-Rechten – wahrnehmen und für ihre intensive Sozialarbeit bekannt sind. Ihr Klosterhof an der Nordseite der Kirche (zugänglich) gehört zu den intimsten Plätzen der sonst so geschäftigen Innenstadt. Nach der grausamen Kriegszerstörung, die alle Gewölbe zum Einsturz brachte, grenzt die Wiederherstellung 1952/54, um die sich der kunstsinnige Pater Titus Hübenthal und Oberbaurat Derlam in gleicher Weise verdient gemacht haben, schon fast an ein Wunder. Zwar ist die Halle jetzt nur flachgedeckt und die Pracht der ausdrucksstarken Altäre bis auf Einzelteile, die ins Kapuzinerkloster Dieburg ausgelagert waren, dahin, aber das Kircheninnere ist auch in seiner vereinfachten Form und fast puritanischen Reinheit nicht ohne Wirkung. Wie ein Memento hängt unter dem mittleren Chorfenster die Marienauffahrt, ein Rest des Hochaltars (Aufnahme nach dem Wiederaufbau, heute dort noch einige weitere Figuren). Andere gerettete Figuren stehen an den Pfeilern, das altehrwürdige Gnadenbild, eine Pietà des 14. Jahrhunderts, befindet sich heute vor dem Dreikönigsportal im ehemaligen Eingangsraum (vgl. S. 77), der 1968 mit einer farbigen Betonglaswand zum Platz hin geschlossen wurde.

Töngesgasse vom Liebfrauenberg nach Osten

In der nördlichen Altstadt, noch innerhalb der Staufenmauer, zieht die Töngesgasse vom Liebfrauenberg in West-Ost-Richtung zur Fahrgasse. Allerdings zählen die Hausnummern umgekehrt, da in Frankfurt alle Straßen mainabwärts oder in Meridianrichtung vom Main weg numeriert sind. Die Straße hat ihren Namen von den Antonitern, den „Töngesherrn", die sich im 13. Jahrhundert auf der Nordseite nahe der Fahrgasse niederließen, ihren Besitz aber im 17. Jahrhundert vorübergehend, im 18. Jahrhundert endgültig den Kapuzinern überließen. Die schlichte, einschiffige gotische Kirche verbrannte in dem am 26. Juni 1719 in der nördlichen Altstadt ausgebrochenen Großfeuer, dem „Christenbrand" (im Gegensatz zum Brand der Judengasse 1711). Man erkennt sie im Merianplan in Längsrichtung der Töngesgasse. Die 1723 von den Kapuzinern neu erbaute kleine Barockkirche stand dagegen in Nord-Süd-Richtung mit der Schmalseite zur Straße. Sie wurde nach der Säkularisation des Klosters 1802 im Juni des darauffolgenden Jahres vom Rat der Stadt auf Abbruch versteigert. Tiefgestaffelte, um große Höfe gruppierte vierstöckige Wohnhäuser mit einschätzbaren Mieteinnahmen schienen einer Zeit, die mit der Hinterlassenschaft des Ancien Régime ohnehin nichts anzufangen wußte, wichtiger als die sorgliche Bewahrung

und Pflege der Vergangenheit. War es in unseren fünfziger Jahren nicht ähnlich? Auch in den ersten Nachkriegsjahren wurde zunächst mehr abgebrochen als unbedingt nötig. Heute würde man die Front des traditionsreichen Braunfels am Liebfrauenberg nicht mehr durch Sprengung niederlegen, wie 1945 geschehen. Allerdings waren in der östlichen Töngesgasse, wo die schönsten barocken Häuser standen (Nr. 5 „Engelthaler Hof", Nr. 13 „Wölfchen" u. a.), die Zerstörungen des letzten Kriegs (3. Bild) wenigstens ebenso schwer wie nach dem Christenbrand. Auf dem Grundstück der Antoniter bzw. Kapuziner steht heute das Parkhaus Konstablerwache (4. Bild Hintergrund). Aber auch in der vorderen Töngesgasse (die übrigen Bilder) haben die Kriegszerstörungen durchweg unschöne Neubauten hervorgerufen. Im Herbst 1943 (2. Bild) konnte man noch versuchen zu löschen, im März 1944 blieb nur das Gablerhaus (ganz rechts) stehen. Das in seinen rückwärtigen Partien noch verhältnismäßig intakte Grundstück Nr. 34/36 hat zwei Nachkriegsjahrzehnte die Wurstfabrik Emmerich genutzt. Die Frankfurter Stadtsparkasse hat in den Neubau von 1978 dankenswerterweise die Rekonstruktion des barocken Hofflügels und eines Renaissance-Treppenturms einbezogen, in dem im November 1978 das Stoltzemuseum eröffnet wurde. Es pflegt die Erinnerung an die Frankfurter Mundartdichter, Vater und Sohn.

Fahrgasse von der Töngesgasse nach Südwesten

Mit am stärksten war die nordöstliche Altstadt im Gebiet der oberen Fahrgasse zerstört. Unser zweites und drittes Bild entsprechen sich sehr genau in Standort und Blickrichtung. Der Fotograf steht vor der Staufenmauer gegenüber der Einmündung der Töngesgasse, die in unserem ersten Bild rechts nach Westen abführt. Die Blickrichtung der Vorkriegsaufnahme geht also mehr nach Südosten. Man sieht es auch an der einfallenden Wintersonne, mittags um drei Viertel Eins, die kaum über die hohen Giebel zwischen Battonnstraße und Einhornplätzchen (im Hintergrund) hinwegscheint. So wenig belebt wie hier war die Fahrgasse sonst nicht, vielleicht entstand die Aufnahme (1942, zwei Jahre vor der Zerstörung) an einem Sonntag. Schon der Name der Fahrgasse deutet auf den üblichen Verkehr, der von der Alten Brücke in die Stadt und über die nördliche Fortsetzung, die Große Friedberger, wieder aus der Stadt hinausführte. So war die frühere Fahrgasse ein kleines Glied im deutschen Transitverkehr zwischen Nord und Süd, so partizipierte sie auch an der Mittlerfunktion Frankfurts zwischen dem Hanse- und Levantehandel. Große Gasthöfe, Posthaltereien und Fuhrmannsquartiere mit ausgedehnten Stallungen waren hier ebenso zahlreich wie in der Großen Friedberger Straße. Im 19. Jahrhundert kam, besonders im oberen Teil, der Einzelhandel in Blüte, und manches Unternehmen, das später auf der Zeil oder in der Kaiserstraße groß herauskam, hatte hier sein Stammhaus. Auch heute, in völlig neuen Häusern, ist die Geschäftslage zwischen Konstablerwache und Berliner Straße beliebt und ertragreich, während der südliche Teil der Fahrgasse östlich des Doms durch die Abschnürung der alten Brücke in größere Verkehrsferne gerückt ist.

Gottfr.
Schmidt
SCHADE MARKT
SCHADE MARKT
SCHMIDT

J.H. Franz Wwe.
Bürsten-&Pinsel-Fabrik.
Bürsten-&Pinsel-Fabrik
J.H. Franz Wwe.
Samuel B. Schames
Bettfedern und Rosshaare
Möbel, Betten & Polsterwaaren
ADOLF BENDHEIM

Einhornplätzchen an der Fahrgasse vor der Staufenmauer nach Nordosten

Im allgemeinen haben wir uns bemüht, als Vorkriegsaufnahme ein spätes Bild, aufgenommen möglichst kurz vor der Zerstörung, zu finden. Daß dies hier nicht möglich war, mag nicht als Mangel empfunden werden. Auch das Einhornplätzchen der Jahrhundertwende ist charakteristisches Frankfurt mit verputzten Fachwerkhäusern, die als Reklameflächen dienten, bis die zwanziger und dreißiger Jahre dies als Verschandelung des Stadtbildes brandmarkten und hier und da das Fachwerk freilegten. Die Zeit war zu kurz, der Etat der Denkmalpflege zu beschränkt, um (bei 2000 Frankfurter Fachwerkhäusern) das Stadtbild noch vor der Zerstörung 1944 radikal zu verändern. Wäre es gelungen, Frankfurt wäre die eindrucksvollste deutsche Fachwerkstadt geworden. Das Einhornplätzchen war eine östliche Ausbuchtung der Fahrgasse, etwa dort, wo sich heute die bescheidene Anlage vor der durch die Bomben freigelegten Staufenmauer (2. Hälfte 12. Jahrhundert) befindet. Über den Stützbögen ist der Wehrgang zu denken. Die Öffnung von zwei Bögen für den Fahrverkehr zur Börnestraße gab es natürlich früher nicht. Der Durchlaß durch die Stadtmauer lag im Torturm der Bornheimer Pforte, die in der oberen Fahrgasse schon 1765 abgebrochen wurde. Die unschönen Häuser, die über die Mauer in die Altstadt hineinschauen, gehören zur Westseite der Börnestraße. Dort lag die mehrfach geplünderte, beschossene, abgebrannte, abgerissene, ausgebombte und zerstörte Judengasse, in die 1462 die Frankfurter Juden gettomäßig eingeschlossen wurden, bis sie die Emanzipationszeit 1811 daraus befreite. Noch in der Judengasse entstand das Bankhaus Rothschild mit seinen weltweiten Verbindungen. Hinten links im Eck des Einhornplätzchens (Nr. 120) aber wurde 1578 Adam Elsheimer geboren, ein Maler von europäischem Rang, der nach Rom ging, wo er als der „Frankfurter" 1610 gestorben ist.

LITTERIS RECUPERATA LIBERTATE CIVITAS

Die Stadtbibliothek an der Obermainbrücke von Süden

Unserem Rundgang durch die Altstadt schließen wir hier die alte Stadtbibliothek an der Obermainbrücke an, die topographisch zwar nicht mehr in der von der Staufenmauer umschlossenen Altstadt liegt, sondern am Rand des nach 1790 aufgefüllten und einheitlich klassizistisch bebauten Fischerfelds, aber dem Geist des alten Frankfurt nähersteht als die folgenden City-Gebiete. Sie war die städtebauliche Dominante am östlichen Ende (oder Beginn) des Anlagenrings, der seit 1806 die reichsstädtischen Befestigungen ablöste. Diese Dominanz wurde noch durch die axiale Zuführung der Obermainbrücke 1876/78 unterstrichen. Leider ging der Sinn für Verhältnismäßigkeit in unseren Tagen völlig verloren, sonst hätte man nicht das für sich allein unschöne Personalhochhaus des Heiliggeisthospitals 1974 in solcher Nachbarschaft und optischen Bedrohung aufgeführt. Allerdings stand der edle Bau der Stadtbibliothek, verfolgt man seine Presse, wenig in Nachkriegsgunst. 1825 auf der Grundlage namhafter Bürgerspenden entstanden, erfüllte er seine Zwecke, eine Heimstatt der städtischen Bücherschätze, darunter bedeutender Kloster- und Kirchenbibliotheken, zu sein, bis zur Ausbombung 1943/44. Das Institut behalf sich dann mit dem Rothschildpalais am Untermainkai auf der anderen Seite des Anlagenrings und nutzte als Magazine zwei Luftschutzbunker, bis 1965 der Neubau der Stadt- und Universitätsbibliothek an der Bockenheimer Warte stand. Der schöne Portikus, um den 1945 noch mehr Substanz war, als die heutigen (baulich gesicherten) Relikte erkennen lassen, rückte ins Abseits eines Viertels, dem noch heute wenig stadtplanerische Aufmerksamkeit gewidmet wird. Vielleicht hätten sich die Verhältnisse anders entwickelt, wenn der Portikus, wie 1958 beabsichtigt, Frankfurts Mahnmal für den Bombenkrieg geworden wäre. Es gab Entwürfe, die selbst die Zurücksetzung in die jetzt hinter der Ruine liegende kleine Anlage vorsahen. Eine respektable Planung, wie mir scheint, die den Brückenkopf vergrößert, die heutige Straßenführung erleichtert und, mit Sicherheit, das klotzige Hochhaus verhindert hätte. Das Lessingdenkmal (1882, von Gustav Kaupert) hat übrigens dem Verkehr weichen müssen und steht seit 1961 in der Obermainanlage. Die Obermainbrücke ist Einbahnstraße nach Süden.

An der Hauptwache nach Osten

Ein Platz wie jeder andere? Gerade das war und ist „die Hauptwache", wie das Zentrum der City vereinfachend nach dem reichsstädtischen Wachgebäude heißt, eben nicht. Schon Katharina Elisabeth Goethe, die Mutter des Dichters, wußte es nach ihrem Umzug vom stilleren Hirschgraben zu schätzen, die stets wechselnde Szenerie des bunten Straßenlebens gleichsam vom Logenplatz ihres Hauses zum Goldenen Brunnen verfolgen zu können: die Handelszüge und Bauernwagen, die Reiter und Spaziergänger. „Und sonntags, wenn die Katharinenkirche aus ist", schreibt sie am 24. August 1795 an den Sohn in Weimar, „und die Wachtparade dazukommt, so sieht's auf dem großen Platz aus wie am Krönungstag. Sogar an Regentagen ist es lustig. Die vielen hundert Parapluies formieren ein so buntes Dach." Ihre Aussicht („da ist's ohne allen Streit das erste Haus in Frankfurt") war ziemlich ähnlich wie unsere (Bilder auf Seite 88): „Die Hauptwache ganze nahe, die Zeil, da sehe ich bis an Darmstädter Hof, alles was der Katharinenpforte hinein- und herauskommt." An der Stelle des Goldenen Brunnens, der schon zum Roßmarkt zählte, steht heute das Ballyhaus. Roßmarkt ist überhaupt der übergeordnete Begriff für das Platzsystem, das sich im 13. Jahrhundert aus strategischen und marktwirtschaftlichen Gründen vor der staufischen Altstadtmauer gebildet hatte. Auch die östlich anschließende Zeil ist jahrhundertelang aus Verteidigungsgründen nur eine (nördliche) Zeile von Häusern gewesen, vor denen sich der Viehmarkt abspielte, bis Renaissance- und Barockpaläste entstanden, die schon im 19. Jahrhundert von umsatzträchtigen Geschäfts-„Etablissements" und um die Jahrhundertwende von den ersten Kaufhäusern abgelöst wurden.

Katharinenkirche, Blick ins Innere von Westen

Im 14. Jahrhundert war Frankfurt enorm gewachsen. Ludwig der Bayer hatte dem Aufschwung Rechnung getragen und 1333 die Ummauerung auch der Neustadt privilegiert. Der angesehene Kantor am Domstift, Wicker Frosch, Sohn einer vermögenden Frankfurter Familie, hätte daher keinen besseren Platz für seine Kirchen-, Kloster- und Hospitalstiftung finden können als an der Nahtstelle zwischen Alt- und Neustadt neben dem Bokkenheimer Tor, das, nun seiner Verteidigungsbedeutung entlastet, zur Katharinenpforte wurde. Der Straßenzug vor der Katharinenkirche heißt heute noch so, wennschon das noch im Merianplan sichtbare Doppeltor längst (1740/90) abgebrochen ist. Im inneren erwartete Anfang 1772 die unglückliche Kindsmörderin Susanna Margaretha Brandt, das Urbild zu Goethes Gretchen, ihre Hinrichtung auf dem Roßmarkt. Wicker Frosch, der zum Hauskaplan des Kaisers avancierte, stiftete gleich zwei Kirchen, die eine Katharina und Barbara, die andere Hl. Kreuz geweiht, die miteinander zu St. Katharinen verschmolzen. Aus dem Frauenkloster zur Versorgung alleinstehender Patriziertöchter wurde später ein Damenstift, das heute im Katharinen- und Weißfrauenstift fortlebt. Nirgends in Frankfurt fand die Reformation so frühen Eingang wie in der Katharinenkirche. Hier predigte der Lutherschüler Hartmann Ibach bereits im März 1522 den Frankfurtern das Evangelium. Hier wirkte von 1712 bis 1721 Georg Philipp Telemann als Organist, bevor er nach Hamburg ging. Als der bauliche Verfall der gotischen Doppelkirche nicht mehr zu beheben und der Abbruch (1678) vollzogen war, hat Baumeister Melchior Heßler in dem nachgotischen Neubau das Muster einer protestantischen Predigtkirche verwirklicht (1681), das zum Vorbild für ähnliche Kirchen in Speyer und Worms wurde: unter weitgespanntem Kreuzrippengewölbe ein von hohen Maßwerkfenstern erhellter Kirchenraum mit doppelten Emporen auf der Nord- und Ostseite. Die Tradition der bürgerlichen Grabkirche nahmen die vielen Epitaphien des 17. und 18. Jahrhunderts auf. Für die Brüstungsfelder hatten verschiedene Künstler 83 allegorische Gemälde nach der Bilderbibel des Matthäus Merian (1630) geschaffen, vermutlich angeregt von Philipp Jakob Spener, dem Vater des Pietismus, der damals als Pfarrer und Senior des Prediger-Ministeriums wirkte, bis er 1686 als Oberhofprediger nach Dresden ging. Die ikonographisch bedeutenden Tafeln wurden im Kriege abgenommen und haben in Kisten verpackt den Untergang der Kirche überstanden. Abgestellt auf einem Dachboden, warten sie noch heute auf Wiederverwendung. Am 22. März 1944 brannte auch St. Katharinen. Die Zeiger der Turmuhr blieben auf 9 Uhr 43 Minuten stehen, zehn Jahre lang. An eine Rekonstruktion mit Emporen und Epitaphien war in den 50er Jahren nicht zu denken. Gleichwohl griff man in dem am 24. Oktober 1954 eingeweihten Neubau, der nur Turm und Außenmauern verwenden konnte, auf die alte Raumform zurück. Unter einem der Gotik nachempfundenen hölzernen Kreuztonnengewölbe ist wieder ein großer, von den zartbunten Fenstern Carl Crodels erhellter Predigtraum entstanden. Zwar kann der Stuhl nicht mehr gezeigt werden, auf dem der junge Goethe konfirmiert wurde, aber der Bildnisgrabstein des Stifters (um 1360) ist noch erhalten.

Frankfurt a. M.
An der Hauptwache.

MOUSON
Frankfurter Rundschau
DUNLOP
OSRAM
FRISEUR
Café

Hauptwache von Südosten

Seit 1712 hieß der Platz vor der Katharinenpforte „Paradeplatz". Wo bisher Heumarkt gehalten worden war, hatte die Reichsstadt 1671 ein Wachlokal errichten lassen – aus Holz, einer Laube ähnlicher als einer Kaserne. Kaum sechzig Jahre später lohnte sich die Reparatur nicht mehr. Den Neubau, nun in Stein und modisch-barocker Form, übernahm Stadtbaumeister Johann Jakob Samhaimer, das martialische Giebelfeld Bildhauer Johann Bernhard Schwarzenburger. Am 20. April 1729 wurde der Grundstein gelegt, am 9. Juni 1730 der Richtkranz aufgesteckt, und schon am 21. September 1730 zog die städtische Soldatesca ein. Frankfurt hat allen Grund, 1979/80 die 250-Jahr-Feier „seiner" Hauptwache zu begehen. Daß sie – wie Römer und Dom – zu einem Frankfurter Symbol geworden ist, daß sie von der Bürgerschaft „angenommen" wurde, liegt kaum an ihrer kriegerischen Vergangenheit, sondern ist eher dem Umstand zuzuschreiben, daß um sie seit Generationen bürgerliches Leben pulsierte. Für wie viele Frankfurter war die Hauptwache nicht Treffpunkt im hektischen Geschäftsbetrieb, vor allem seit sie 1904 zum Kaffeehaus umgebaut und die nurmehr symbolische Militärwache ans Taunustor verlegt worden war (22. 12. 1903)! Die demokratische Bewegung verbindet eher eine Enttäuschung mit dem Bau, der auch als Gefängnis diente. Am 3. April 1833 scheiterte hier der „Frankfurter Wachensturm", der wahnwitzige Versuch junger Idealisten, mit der Gefangenenbefreiung den Sturz des Bundestags zu erzwingen und die Republik zu ertrotzen. Fünfzehn Jahre später ist der Frankfurter Nationalversammlung (Paulskirche) nicht einmal die Liberalisierung Deutschlands gelungen. Nach Kriegszerstörung im März 1944 wurde die Hauptwache 1950 mit einfachem Walmdach wiedererrichtet, im Zuge des U-Bahn-Baus aber 1968 in der alten Form mit dem etwas überproportionierten Mansarddach - geringfügig versetzt – originalgetreu rekonstruiert.

MODES

Große Eschenheimer Straße nach Norden

Der Platzteil hinter der Hauptwache nahm 1864 den Namen Schillerplatz an, als hier das Schillerdenkmal von Johann Dielmann aufgestellt wurde. Von der linken Platzecke brach man die Schillerstraße nach Norden (1878). Älter ist die Große Eschenheimer Straße, der natürliche Nordausgang des Platzes. Aber anders als heute, wo hier der Hauptverkehr nach Norden abfließt, ist die „Eschenheimer“ früher keine bedeutende Verkehrsader gewesen. Die Frequenz am Gallus- und Friedberger Tor war weit größer als am Eschenheimer, was mit dazu beigetragen hat, daß einer der schönsten Tortürme Deutschlands (vgl. Seite 122–125) erhalten blieb. Gemäß der zweitrangigen Bedeutung der „Eschaimer Gaß“, wie sie im Merianplan heißt, hielten sich die Kopfbauten am Straßeneingang in der Nordfront des Platzes durch Jahrhunderte bescheiden zurück, obschon ausgezeichnet durch das Visavis der Katharinenkirche: rechts, wo heute der Kaufhof steht, das Haus Dreikönig, das zeitweise Matthäus Merian d. J. gehörte, und links gegenüber das Wolfseck, ein im 19. Jahrhundert bekannter Gasthof und Saalbau. Die bei Merian noch vorhandene mittelalterliche Bausubstanz wich noch im 18. Jahrhundert einfachem breitgelagertem Barock. Hundert Jahre später war auch dieser nicht mehr gefragt, aber die neuen eklektizistischen Kopfbauten achteten ebenfalls auf Ensemblewirkung. Den rechten Prachtbau „Zum Kaiser Karl“ (1883) nannten die Frankfurter nur das „Fratzeneck“ wegen der 15 Groteskköpfe, die vom Gesims des zweiten Stocks herunterblickten. Die zur Zeil gewandten hatte Wilhelm Steinhausen, die zur Eschenheimer Straße Hans Thoma entworfen. Die Modelle zu den Figuren der Eckpartie stammten von Bildhauer Gustav Herold, der kurz zuvor für das Opernhaus die Statue Goethes geschaffen hatte (vgl. S. 116). Unser Bild 1 ist bereits um die Jahrhundertwende entstanden. Auf die Totalzerstörung des Ensembles folgten typische Nachkriegsbauten, sehr früh (1949) das neue Wolfseck der Firma Holz und kaum später (1950), zunächst zweistöckig, der aus dem Warenhaus Tietz hervorgegangene Kaufhof, „eines der schönsten Kaufhäuser Deutschlands“ (Frankfurter Rundschau, 27. 10. 1950), der sich bereits 1954 hinter neuer Fassade (Bild 3 von 1957) vergrößerte und sich 1968 die gleißendglatte Fassade von heute gab.

Thurn und Taxis Palais (Fernmeldehochhaus)

Auf der Ostseite der Eschenheimer Gasse entstand seit 1731 ein fürstliches Palais, wie es seinesgleichen in Frankfurt suchte. Zwar hatten auch früher Dynasten der Umgebung hier ihre Stadthäuser, aber sie blieben im Rahmen bürgerlicher Architektur. Was sich jedoch Reichspostmeister Fürst Anselm Franz von Thurn und Taxis, der 1724 die in seiner Familie erbliche Postverwaltung von Brüssel nach Frankfurt verlegt hatte, vertraglich durch Frankfurter Handwerker errichten ließ, verleugnete seine Vorbilder im französischen Schloßbau nicht. Die 1727 vom kurpfälzischen Hofbaumeister Hauberat entworfenen Pläne wurden von Robert de Cotte, dem Hofarchitekten Ludwigs XV., überarbeitet. 1737 konnte der Fürst bereits einziehen, doch zog sich die Fertigstellung, die er nicht mehr erlebte († 1739), noch bis 1741 hin. Auch die hundertköpfige Hofhaltung seines Sohnes Alexander Ferdinand war nur von kurzer Dauer, da die Taxissche Residenz bereits 1748 nach Regensburg verlegt wurde. Im Frankfurter Palais blieben die schönen Stuckdekorationen der Repräsentationsräume und drei hervorragende Deckengemälde zurück, der „Titanensturz" von Antonio Bernardini im Treppenhaus, im Musiksaal ein „Olymp" von Luca Antonio Colomba und die Allegorie des fürstlichen Paares in der Kapelle, vermutlich ebenfalls von Colomba. Der letzte Krieg hat von der ganzen Pracht nichts übriggelassen als die beiden Eingangspavillons mit konkav eingespannter Tormauer, über dem Portal eine das Familienwappen haltende Minerva, links und rechts Rokokovasen mit Putten. Von 1816–1866 residierte hier die Deutsche Bundesversammlung, 1848/49 zwischenzeitlich der Reichsverweser Erzherzog Johann mit seinen Ministerien. 1863 versammelte sich hier der Deutsche Fürstentag zu einem letzten Versuch, den Bund zu reformieren. Doch Bismarck war stärker, und nach 1866 wurde es still um das „Bundespalais". Zuletzt befand sich hier das Völkerkundemuseum (seit 1907). Schon 1895 hatte die Reichspost das Anwesen erworben und an der Zeil die Hauptpost errichtet. Die in mehreren Angriffen erfolgte Kriegszerstörung (4. 10. 1943, 29. 1., 22. 3. und 25. 9. 1944) schuf die Voraussetzung für die Errichtung des ersten Frankfurter Hochhauses (Richtfest 1953). Im 80 m hohen „Fernmeldehochhaus" entstand ein Knotenpunkt des westeuropäischen Nachrichtennetzes.

Roßmarkt nach Nordosten

Durch Jahrhunderte hat der Roßmarkt seinen Namen zu Recht getragen. Noch bis in die zweite Hälfte des 19. Jahrhunderts, zuletzt am Goetheplatz, wechselten hier jährlich Tausende von Pferden den Besitzer. Landwirte, Spediteure, Fuhrunternehmer, Kutscher, Herrenreiter, Ärzte, die ganze bessere Gesellschaft mit ihren Kaleschen und Equipagen, aber auch die Post und das Militär waren auf Pferde angewiesen,wie unsere Zeit auf das Auto. Dementsprechend war der Platz eingerichtet: mit Schlagbäumen und Barrieren, einem Laufbrunnen, der auch als Tränke diente und der seit 1610 etwa da stand, wo sich auf unserem ersten Bild das Blumenrondell befindet. Unmittelbar östlich schloß sich die „Roßweede", die Pferdeschwemme, an, die auf dem Merianplan noch deutlich sichtbar ist, aber zugeschüttet wurde, als man den Brunnen bei seiner Erneuerung (1711) weiter nach Westen verschob. Bildhauer Schwarzenburger hatte ein barockes Kunstwerk geschaffen: von Delphinen getragen ein Herakles, der Antäos, den Sohn Poseidons und der Gäa (Erde), in der Luft zerdrückt, da der Riese nur in Berührung mit der Erde unüberwindlich war. 1854 hat das Gutenbergdenkmal den älteren, verwitterten Brunnen verdrängt. Man weiß, daß die Figuren in den städtischen Bauhof kamen und schließlich zu Straßenschotter zerschlagen wurden. Unterdes hat der Roßmarkt sich gewandelt. Auch hier waren die gotischen Giebel und Renaissancefassaden klassizistischen Fronten gewichen, von denen auf unserer Vorkriegsaufnahme nur noch der „Palazzo Belli" vor der Katharinenkirche und zwei niedrigere traufseitige Häuser an der Ostseite übriggeblieben sind. Die wilhelminische Zeit hatte neue Opfer verlangt, darunter zwei hervorragende Bauten des Architekten Salins de Montfort: den Englischen Hof (rechts) und das Haus Lutteroth (links Mitte). Hierfür entstand 1884 das Haus Jureit und als turmbetontes Eck 1887 das dreizehnachsige Haus Germania, im ganzen eine harmonische, baumgesäumte Platzanlage, großstädtisch und doch urban, geschlossen und doch verkehrsoffen, ein wirklicher Platzraum, den die Nachkriegsbebauung nicht wiedergefunden hat.

MARK
KOSTÜME MANTEL KLEIDER
ROBERT BEIER

Goetheplatz nach Norden

Der westliche Teil des Roßmarkts, wo an der Stelle des barocken Herkulesbrunnens 1854 das Gutenbergdenkmal entstand (eingeweiht 1858), nahm nach Norden hin 1844 den Namen Goetheplatz an und verdrängte damit die ältere Bezeichnung „Stadtallee“ (wegen der dort schon 1712 gepflanzten vierfachen Baumreihe). Grund war die mit großem Pomp vollzogene Aufstellung des Goethedenkmals von Ludwig von Schwanthaler, das mehrfach gewandert und heute Ecke Kaiserstraße/Taunusanlage gelandet ist (vgl. S. 115). Das Gutenbergdenkmal wurde nach dem Kriege etwas nach Osten versetzt, hat aber 1983 seinen platzbeherrschenden ehemaligen Standort bei Einrichtung der Fußgängerzone wiedererhalten. Roßmarkt und Goetheplatz waren grausam kriegszerstört, die gesamte Westfront von der Junghofstraße (Bild 2) bis zur Großen Bockenheimer Straße völlig, auch die inmitten der Front etwas niedrigere Französischreformierte Kirche (an ihrer vasengeschmückten Attika kenntlich), ein bedeutendes klassizistisches Bauwerk von 1789/92. Daß der Platz vor dem Krieg um ein Drittel schmäler war als heute, machen die gegenüberstehenden Vergleichsfotos wegen der unterschiedlichen Standpunkte nicht so deutlich. Aus dem halbverdeckten, die Nordfront schließenden „Straußhaus“ und seiner Freistellung im Nachkriegsbild ergibt sich aber, daß hier eine ganze Häuserzeile (hinter der bis zum Steinweg die Töpfergasse lief) nicht wiedererstanden ist. Der nördlichste Teil des Platzes war (seit 1782) so lange der „Theaterplatz“ (bzw. Comödienplatz), wie hier bis zum Abbruch (1902) das Stadttheater (früher „Comödienhaus“) stand. 1922 erhielt er den Namen Rathenauplatz. Die NS-Umbenennung in Horst-Wessel-Platz (1933–45) blieb Episode. Auch daß hier von 1933 bis 1955 das Schillerdenkmal, von 1916–1933 der Merkur von Hugo Lederer (seit 1954 vor dem Messegelände) stand, haftet kaum mehr in der Erinnerung. Gutenberg, Fust und Schöffer, die auf dem Sokkel einträchtiger zusammenstehen, als es die Kommerzialisierung der Buchdruckerkunst tatsächlich erlaubte, haben den Umzug um einige Meter nach Westen überstanden, obschon sie nur galvanoplastisch hergestellt wurden, nachdem Eduard Schmidt von der Launitz sie 1840 modelliert und die Gipsfiguren mitten in die 400-Jahr-Feier der Buchdruckerkunst gestellt hatte. Mit ihnen die vier Eckfiguren, Allegorien der Wissenschaften und Personifizierungen der ersten Druckerstädte Mainz, Venedig, Straßburg und Frankfurt (am Sockel). Nun fließt auch wieder das Wasser aus den Köpfen der Erdteil-Tiere, wie es dem Brunnen-Denkmal geziemt.

Goetheplatz, Ecke Goethestraße, nach Westen

Heute dominiert hier die links abführende Goethestraße. Früher lief der Verkehr nach Westen durch die Große Bockenheimer Straße, die in ihrem Anfang neben der Einhornapotheke heute nur noch ein Fußgänger-Durchgang ist. Einst rangierte sie noch vor der Kalbächer Gasse, die erst durch die Verbreiterung zur „Freßgaß" aufgewertet wurde. Statt die Große Bockenheimer zu verbreitern, entschloß man sich 1892, einen völlig neuen Straßenzug durch die kaum hundert Jahre alte Bausubstanz der westlichen Neustadt zu brechen. In kürzester Zeit bildete sich ein Banken- und Unternehmer-Konsortium, das 37 Häuser, hauptsächlich der Kettenstraße (früher Brunnengasse), auf Abbruch kaufte und hier zwischen Kleiner Bockenheimer und Neuer Rothofgasse die 17 Meter breite Goethestraße (1893) durchzog, wofür die Stadt einen Zuschuß von anderthalb Millionen Goldmark beisteuerte. Anders als die Braubachstraße in der Altstadt wurde die Goethestraße als verkehrsgünstig gelegenes Nebenzentrum der City rasch zur lukrativen Geschäftsstraße gehobenen Niveaus. Innerhalb von zehn Jahren waren alle Bauplätze und alle Geschäftslokale vergeben. Die Bauformen reichten vom Eklektizismus bis zum Jugendstil. Der auf kleinstem Raum hochgezogene Kopfbau zwischen Goethestraße (links) und Großer Bockenheimer Straße (rechts), an dem die Anker-Versicherungs-AG ihre Reklame anbrachte, entstand 1896. Die über 300 Jahre alte Einhornapotheke hielt seit 1847 das andere Eck der Großen Bockenheimer Straße besetzt, mit dem der Comödien-, Theater-, jetzt Rathenauplatz beginnt. Das bescheidene klassizistische Gebäude wich 1905 einem aufwendigen, der wilhelminischen Umgebung angepaßten Neubau, der wie sein Gegenüber im März 1944 ausbrannte. Der Krieg hat hier nur die Hausgerippe übriggelassen. Wie unser drittes Bild erkennen läßt, konnte die Einhornapotheke, freilich ohne das neobarocke Mansarddach, saniert werden. Nicht erneuert wurde der pseudogotische Turmbau an der Goethestraße, der, wenn auch optisch äußerst reizvoll, kaum rationell nutzbar war. Das moderne Eck repliziert zwar die einstige Vertikale, findet aber breite Anlehnung über die ehemalige Große Bockenheimer Straße hinweg an der Einhornapotheke, deren Fassade noch die Grundstruktur der alten Architektonik erkennen läßt.

APOTHEKE
EINHORN APOTHEKE

SEMPERIT
CITIZEN
Uhren
YTONG
RÉGIE-PRESSE
CITIZEN
Uhren
S&H
Miele
Mannsfeld & Stroh
Vorsicht!
Le Sac - Die Tasche
E
APOTHEKE
EINHORN

Burg
Vaterland
PELZE
SATTLEREI BAUER

Blick in die Große Gallusstraße nach Südwesten

Wie sehr hat sich auch der südwestliche Platzausgang verändert! Es ist der historische über die „Galgengasse“ zum „Galgentor“, weil vor der Stadt, im „Galgenfeld“ (heute Nähe Blittersdorffplatz), das Hochgericht stand, was nicht hinderte, daß auch auf dem Roßmarkt exekutiert wurde, hier in der Südwestecke 1616 die Führungsspitze des Bürgeraufstands, Vinzenz Fettmilch und Genossen. Als die Galgengasse im 18. Jahrhundert an Wohnwert gewann, stieß man sich an dem makabren Namen. Der Hl. Gallus, mit dem Frankfurt nie etwas zu tun hatte, für den die Anwohner 1782 aber einen Brunnen stifteten, mußte zur Namensglättung herhalten. Schließlich wurde aus der „Gasse“ die „Straße“, wie allenthalben in Frankfurt. Die Häuser der „Millionärsgaß“, wo die Grunelius, Metzler u. a. ihre Bankkontore hatten, sind im Krieg fast alle zerstört worden: Nummer 17, das ehemalige „Hôtel du Nord“, auch Nummer 19 (auf der Südseite), wo von 1852–58 Bismarck wohnte, ebenso Nummer 12 (Haus Behaghel), das mit korinthischen Pilastern reich gegliederte Schmuckstück der Nordfront, 1746/47 von J. A. Liebhardt errichtet, 1761 im Besitz von Goethes Onkel Michael von Loën. Zuletzt war darin der „Kristall-Palast“, ein „Vergnügungs-Etablissement“, in dem Varietékünstler von Weltruf gastierten. Verschwunden ist auch das „Schlesinger Eck“, lange „Café Schierholz“, zuletzt eine Henninger-Gaststätte, im Kern ein Fachwerkhaus des 16. Jahrhunderts mit achteckigen Erkern. Heute erinnert an die Vorkriegszeit nur noch der Kopfbau der Deutschen Bank (1903/04, Disconto-Gesellschaft), wenn auch in den Dachpartien „modernisiert“. Die Bankhäuser wollen heute höher hinaus (Hochhäuser von links nach rechts: Bank für Gemeinwirtschaft, Commerzbank, Dresdner Bank, Deutsche Bank, Hessische Landesbank).

Juniorhaus am Friedensplatz (Kaiserplatz) von Nordost

Auch diese Bildfolge ist von der Entwicklung des Frankfurter Hochhauses geprägt. Seit die Frankfurter Stadtentwicklung vom Westtrend beeinflußt wurde, weil die ersten Bahnhöfe in den westlichen Wallanlagen entstanden, wuchs das Bedürfnis, die Innenstadt repräsentativer, als dies in der Gallusstraße möglich war, nach Westen zu öffnen. Noch in der Depressionsphase nach der preußischen Annexion 1866 begann die Planung. Die ausgedehnten Gärten des Cronstettenstifts und des Weißen Hirschs westlich des Hirschgrabens und nördlich der Weißfrauenstraße verlockten zum Durchbruch, der, ab 1872 ins Werk gesetzt, nicht nur die obere Kaiserstraße schuf, sondern auch nach Pariser Muster den städtebaulich äußerst gelungenen sternförmigen Friedensplatz entstehen ließ, auf den außer den Schenkeln der Kaiserstraße auch Friedensstraße, Kirchnerstraße und die vordere Bethmannstraße zulaufen. Den Mittelpunkt besetzte 1876 die vornehme Porphyrschale des „Friedensbrunnens" (Kaiserbrunnen), eine Stiftung des Bankiers Raphael von Erlanger. Als 1968 hier mit dem Bau des U-Bahnhofs begonnen wurde, mußte der zwölf Tonnen schwere Monolith vorübergehend weichen, doch seit 1974 steht er – wenn auch etwas versetzt – wieder am angestammten Platz und erfreut die Passanten durch seine wehenden Wasserschleier. Sogar die Gitter und kriegszerstörten Bodenmosaiken wurden originalgetreu nachgearbeitet. Das Wasser ist heute dank einer Umwälz- und Filteranlage von höchster Reinheit, während sich früher die Anwohner häufig wegen der Geruchsbelästigung des verwendeten Mainwassers beschwerten. Leider wurden die schönen dreiflammigen Kandelaber um den Brunnen (in unserem Foto 1 die Vorläufer um 1880, vgl. dagegen S. 108) nicht wieder erneuert. Wegen Verkehrsbeengung waren sie

schon 1926 beseitigt worden, selbst der Brunnen war damals in Gefahr. Zwischen den Straßenschenkeln waren die Kopfbauten des Kaiserplatzes von hoher Qualität und pariserischem Charme, in erster Linie der Frankfurter Hof (vgl. S. 108/109), aber auch das Eck Nr. 19 zwischen Friedens- und westlicher Kaiserstraße, das Speltzsche Haus mit dem Casino-Café (bis 1886, Bild 1), das im Krieg völlig zerstört wurde. Dagegen sind die nördlichen Fronten weitgehend erhalten geblieben, das Eck zwischen Kirchner- und vorderer Kaiserstraße (Hapag Lloyd) heute allerdings stark entstellt. Auf dem gegenüberliegenden, von uns ausgewählten Eck entstand 1951 das „Juniorhaus", das lange als ein Markenzeichen des Frankfurter Wiederaufbaus galt (Architekt Dr. Berentzen). Was seinerzeit als „Hochhaus" den westlichen Platzabschluß bestimmte, ist heute entthront durch die Riesen unserer Zeit. Das Hochhaus der Bank für Gemeinwirtschaft (S. 114/115) beherrscht Kaiserstraße und Friedensplatz.

EISENBAHN-BILLETE

Frankfurter Hof von Norden

Die Südseite des Friedensplatzes beherrscht der Frankfurter Hof. Um auf dem Gelände des ehemaligen Gontardschen Besitztums, dem „Weißen Hirsch", einen Hotelneubau zu erstellen, konstituierte sich 1872 die Frankfurter Hotel-Actien-Gesellschaft. Von dem Frankfurter Architekten Kalb stammte die Idee, das nicht ganz rechtwinklige Grundstück hufeisenförmig um einen Ehrenhof zu nutzen. Verwirklicht haben sie Carl Jonas Mylius und Friedrich Alfred Bluntschli. Für das Frankfurter Actien-Hotel legten sie bereits im März 1873 die Pläne vor. Das dem Stil der Hochrenaissance nachempfundene Bauwerk erstellte die Firma Philipp Holzmann in den Jahren 1874–76. Die Bauleitung hatte u. a. Friedrich von Thiersch. Die Kosten samt Inneneinrichtung betrugen 4,75 Millionen Mark. Dafür entstanden 250 Zimmer mit 350 Betten, u. a. 20 Salons und ein Speisesaal für 800 Personen. Allein die über sechs Meter hohe geräumige Küche war eine Sehenswürdigkeit. Am 26. Juni 1876 wurde das Haus mit großem Festakt eröffnet. Tausende und Abertausende von Reisenden aus aller Welt, bedeutende Persönlichkeiten und anonyme Globetrotter, eilige Geschäftsleute und gemütliche Städtebummler sind seitdem in dem gastfreundlichen, für den hohen Standard seines Service bekannten Haus abgestiegen. Seit 1892 bediente sich die Gründungs-AG eines Pächterkonsortiums, an dessen Spitze César Ritz, Paris, trat. Daraus entwickelte sich 1899 die Frankfurter Hof AG. 1940 übernahm der Besitzer des Hotels Europäischer Hof in Baden-Baden, Albert Steigenberger, trotz zeitbedingter Risiken die Leitung des traditionsreichen Hauses. Am 22. März 1944 wurde das Hotel durch Brand zerstört, auch Sprengbomben hatten großen Schaden angerichtet. Trotzdem gelang es, das Trümmergrundstück nicht nur rasch zu sanieren und mit dem Angebot von 20 Betten im Frühjahr 1948 den Hotelbetrieb wieder zu eröffnen, sondern in etappenweiser Erweiterung die Kapazität bis 1961 auf 700 Betten zu steigern. Der nach Süden zur Weißfrauenstraße anschließende Neubau, eröffnet im Herbst 1961, verhalf dazu, den Frankfurter Hof zum damals größten Hotel der Bundesrepublik zu machen.

Degus

Neue Mainzer Straße vom Brückenkopf nach Norden

Als das 19. Jahrhundert begann, gab es noch keine Neue Mainzer Straße. Aber als seit 1806 die mittelalterliche Mauer fiel und die im 17. Jahrhundert davor angelegten tiefgestaffelten Bastionen abgetragen wurden (Reste am Beethovendenkmal), entstand auf den neu gewonnenen und großzügig parzellierten Grundstücken eine Prachtstraße, die die Frankfurter Hautevolee gern und sofort für ihre Prestigewohnungen, gebaut und ausgestattet von renommierten Architekten des Klassizismus, in Anspruch nahm. Daß man die Wallservitut, die Baubeschränkung der (westlichen) Wallgrundstücke, beachten mußte, d. h. nur die Straßenfront und nicht die Tiefe des Grundstücks bebauen durfte, nahm man in Kauf und sah darin den Vorteil, daß der Blick auf den Taunus freiblieb. Denn von der „Taunusanlage" sah man die blauenden Berge bis zur Jahrhundertmitte tatsächlich. Die „Neue Mainzer Straße" hingegen führte niemals nach Mainz, aber sie begann am ehemaligen „Mainzer" Bollwerk, wo die „Mainzer" Pforte im Mauerring folgte und die Alte „Mainzer" Gasse in die Altstadt führte. Heute ist sie in ihrem westlichen Teil von der Degussa überbaut. In der Neuen Mainzer Straße versammelte sich die Blüte der Frankfurter Bürgerschaft: die Brentano, Du Fay, Guaita, Heyder, Passavant, Grunelius, Hauck, Bernus, Metzler pflegten hier nachbarschaftliche Kontakte, trafen sich in ihren Soireen und Routs. Die Straße behielt auch ihre stille Vornehmheit, als das Geschäft der Privatbankiers zunahm, als sich Bürgerpalais in Institutsgebäude wandelten (Polytechnische Gesellschaft, Städelsches Kunstinstitut). Erst als im nördlichen Teil Aktien- und Großbanken entstanden (Darmstädter Bank, Frankfurter Bank, Reichsbank) und die Straßenbahn um die Kurve quietschte, entstand der Name „Bankenklamm", der heute gern mit dem Bedauern der Entwicklung für die ganze Straße gebraucht wird. Kaum anderswo in der Stadt fällt die Massierung modernster, sich übertrumpfender Hochhäuser so sehr ins Gesicht wie hier im Blick von Süden, wo das „Nationalhaus" am Brückenkopf der Untermainbrücke mit 17 Stockwerken den Anfang machte (1963/64, Schweizer National-Versicherungs-Gesellschaft, Architekten Meid & Romeick). Aber was sind schon 17 Stockwerke gegen das BfG-Hochhaus!

Schauspielhaus von Nordwesten

Die von den Frankfurtern eifersüchtig gehütete Wallservitut, das Gesetz der Erhaltung der grünen Wallanlagen, hat nicht verhindert, daß von Zeit zu Zeit Großbauten des öffentlichen Interesses sich hier breitgemacht haben: im Osten schon 1840 das Heilig-Geist-Hospital, im Nordwesten das Opernhaus 1880 und im Südwesten auch das Schauspielhaus. Im Heyderschen Wallgarten entstand es in den Jahren 1899–1903 nach Plänen und unter Leitung des Architekten Baurat Heinrich Seeling, da das alte Comödienhaus (heute Straußhaus am Rathenauplatz, vgl. S.100/101) den Ansprüchen nicht mehr genügte. Intendant Emil Claar hatte sich vergeblich dafür eingesetzt, es wenigstens als Kammerbühne zu erhalten. Das neue Sprechtheater sollte würdig neben dem zu Ruhm und Ansehen gekommenen Opernhaus bestehen können. Was hier in freien Renaissanceformen, dekoriert im Jugendstil, flankiert vom Märchenbrunnen Friedrich Hausmanns (1910), entstand, war in der Tat imponierend: eine Bühne mit einer Öffnungsbreite von 10,50 Metern, in Parkett und drei Rängen 1080 Sitz- und 80 Stehplätze, alles inbegriffen für 2,6 Millionen Mark. Bei Niederlegung der Heyderschen Villa (ein klassizistisches Kleinod auch im Innern!) erbrachte das Grundstück zusätzlich an der Front der Neuen Mainzer Straße Büroetagen und ein Wein- und Bierrestaurant („Faust"), das mit dem Theater durch Säulengänge und Terrassen und einen etwa 1200 qm großen Wirtschaftsgarten verbunden war. Der Krieg hat zwar auch hier hart zugeschlagen, vor allem in den schweren Bombenangriffen des Januar und März 1944, aber schon im Dezember 1951 konnte das „Große Haus", nun als Opernbühne, wieder eröffnet werden. Schließlich (1963) vereinigte die „Theaterdoppelanlage" drei Bühnen (Oper, Schauspiel, Kammerspiel) hinter der Glasfront eines 120 Meter langen Foyers, wofür die noch erhaltene Fassade abgeschlagen wurde. Die Pantherquadriga auf dem First kam nach langer Irrfahrt 1976 auf die Alte Oper. Nicht nur die neue Fassade, hinter der das Degussa-„Hochhaus" (1953) „aufragt", gab zu anhaltenden Diskussionen Anlaß, auch die Foyer-Dekoration, die „Goldwolken" des Ungarn Zoltan Kemeny, wirbelten einigen Staub auf, der sich wohl erst gelegt haben wird, wenn der Verkehr unter der Erde verschwunden und die Wallanlage wieder zu ihrem Recht gekommen ist.

Goethedenkmal (Bismarckdenkmal) und BfG-Hochhaus

Daß Hochhäuser an sich nicht schlecht, nur ihre Massierung verwerflich ist, zeigt das Beispiel des BfG-Hochhauses. Ursprünglich stand hier zwischen Schauspielhaus und Kaiserstraße der „Kaiserkeller“ mit dem städtebaulich betonten, adlergeschmückten Eck, dem „Hohenzollernhaus“ (1907, Architekt Gabriel von Seidl, München) am Anlagendurchbruch der Kaiserstraße. Gastronomie und Geschäftsleben waren hier, wie vielfach in Frankfurt, eine Symbiose eingegangen, die sich heute wieder im BfG-Hochhaus fortsetzt. Allerdings war der Komplex durch starke Kriegszerstörung, vor allem in den südlichen und östlichen Teilen, in seiner Nutzung nach 1945 erheblich eingeschränkt. Nach den Anlagen hin waren die Fassaden dagegen noch weitgehend erhalten (Bild 2). Der Kaiserkeller eröffnete zwar bereits 1949 wieder als Gaststätte und erfreute sich unter Leitung von Hans Arnold schon bald erneut internationalen Rufs, wozu Spezialitäten-Restaurants wie der „Arnold-Grill“ oder das Restaurant „Paprika“ oder das historische Milieu der „Alten Post“ wesentlich beitrugen. Aber die ruinösen Teile des Areals warfen ernste Probleme auf. Lichtscheues Gesindel verbarg sich hier. Die einst so repräsentativen Bauten waren Schlupfwinkel für Penner und Kriminelle geworden. Besonders spektakulär war 1968 das fünfstündige

Feuergefecht zwischen der Polizei und dem Holländer Antonius Terborg, der sich mit seinem letzten Schuß selbst das Leben nahm. Im folgenden Jahr wurde das ganze Geviert abgerissen, auch das schöne Adlereck des Hohenzollernhauses. Schon früher verschwunden war das Frankfurter Bismarckdenkmal. Die ungewöhnliche Figurenkomposition – Bismarck in Kürassieruniform stehend vor der einer Jeanne d'Arc ähnlichen, über den Drachen der Zwietracht hinwegreitenden Germania mit dem Reichsbanner – der Bildhauer Siemering, Vater und Sohn, war am 10. Mai 1908 in der Gallusanlage enthüllt worden. Die Bronzegruppe auf hohem schlichtem Kalksteinsockel, umgeben von dem weiten Rund einer Steinbank, mahnte an das Bismarckzitat: „Setzen wir Deutschland erst in den Sattel, reiten wird es schon können!" 1941 war Deutschland so weit, daß es selbst sein Symbol für Kanonen brauchte: das Bismarckdenkmal wurde in der „Metallspende des deutschen Volkes" eingeschmolzen. Im Stil des Niederwalddenkmals war es gewiß kein großes Kunstwerk, aber wir empfinden heute die Verarmung auch an historischen Dokumenten dieser Art. In das verwaiste Kalksteinrund kam 1951 Schwanthalers Goethe vom Goetheplatz (vgl. S. 100/101), der dort hundert Jahre nach seiner Aufstellung (1844) durch den Explosionsdruck der Fliegerbomben vom Sockel gefallen und schließlich, nachdem man die stark beschädigte Statue zunächst an Ort und Stelle vergraben hatte, ins Liebieghaus verbracht worden war. Der Kopf galt als verloren, bis ihn ein Goetheverehrer zurückbrachte. Lange noch stand Goethe in der Gallusanlage, selbst als der Bau des BfG-Hochhauses schon begonnen hatte, notdürftig eingeschalt und geschützt vor Beschädigungen der Baumaschinen, bis die neue Anlagen-Konzeption mit gestuftem Wasserbecken endgültig über die abermalige Versetzung entschied. Heute steht er auf seinem schönen, aus Goethes Werken erzählenden Sockel am gegenüberliegenden Eck der Taunusanlage, ein unübersehbares Entree zu seiner Vaterstadt, deren alten Geist er repräsentiert. Das neue Frankfurt aber dokumentiert sich im 143 Meter hohen Hochhaus der Bank für Gemeinwirtschaft (1977 eingeweiht), das man mit seinen hellen, gebrochenen Flächen, vor allem wenn sich Himmel und Wolken darin spiegeln, durchaus als schön und am rechten Platz empfinden darf. Auch seine dreistöckige Ladengalerie mit etwa 50 Geschäften ist eine Frankfurter Attraktion.

Das Frankfurter Opernhaus (Alte Oper)

Als das Comödienhaus (vgl. S. 100/101) zu klein wurde, ging von Frankfurter Bürgern 1870 die Initiative zum Neubau eines speziellen Opernhauses aus. Gesammelte Gelder wurden einzig mit der Bedingung zur Verfügung gestellt, daß den Spendern zum Erwerb der Parkett- und I. Rang-Logen seitens der Stadt Vorzugsrechte eingeräumt wurden. Die Stadt ging darauf ein, und schon 1873 begann nach Planung und unter Oberleitung von Professor Lucae, Berlin, der Bau eines Gebäudes, das mit den Opernhäusern in Dresden und Wien konkurrieren konnte. Die Einweihung fand am 20. November 1880 in Anwesenheit Kaiser Wilhelms I. statt. Im Stil der italienischen Renaissance, verblendet mit Savonière-Kalkstein aus französischen Reparationszahlungen, boten sich die Fassaden allseits wohlproportioniert. Sie blieben auch in der Zerstörung 1944 als Schale erhalten (Bild 4). Den Hauptgiebel des Unterbaus schmückte ein von Bildhauer Enke modellierter, in Zink getriebener Apollo in einem von zwei Greifen gezogenen Wagen. An seiner Stelle steht heute die Pantherquadriga vom Schauspielhaus. Der Pegasus des obersten Giebels (Brunow) soll rekonstruiert werden. Erhalten blieben die beiden Giebelfelder, am Unterbau: Allegorien des Mains und Rheins (Hundrieser), am Oberbau: drei Grazien sowie Symbole des Lustspiels und der Tragödie (Kaupert). Erhalten blieben auch die Figuren der Recha (aus Lessings „Nathan") und der Isabella (aus Schillers „Braut von Messina") seitlich des unteren Giebels, beide von Herold. Von Herold ist auch der Goethe in der Loggia. Der mit ihm korrespondierende Mozart stammt dagegen von Schierholz. Der Gedanke, das Frankfurter Opernhaus wiederaufzubauen, geht bis ins Jahr 1951 zurück. Zur Verwirklichung konstituierte sich 1964 die Aktionsgemeinschaft Opernhaus, die 1968 mit Sicherungsarbeiten begann, bis 1972 die Stadt selbst initiativ wurde. Seit 1981 steht nun die „Alte Oper" als vielbegehrtes, wenn auch teures Konzert- und Kongreßhaus wieder zur Verfügung. Mit dem Abschluß des Wiederaufbaus hat auch der Opernplatz eine Neugestaltung erfahren, die den Übergang zum Rothschildpark mit dem Zürichhaus (1962), der Berliner Handelsgesellschaft (1965, links) und der SGZ-Bank (1972, rechts) sichtlich verbessert hat.

DEM WAHREN SCHOENEN GUTEN

JEDERZEIT SICHERHEIT
ZÜRICH
VITA
DEM WAHREN SCHOENEN GUTEN

Ostseite des Opernplatzes

Wie sehr der letzte Krieg das Stadtbild verändert hat, zeigt eindrucksvoll die Ostseite des Opernplatzes, wo die alten Kopfbauten bis auf das Eckhaus links verschwunden sind. Architektonisch waren sie Gelenke der Straßenzüge und Angelpunkte des Blickfeldes wie der meisterliche kuppelbetonte Eckbau der Basler Lebensversicherung (1895). Nicht nur die Bombenschäden haben hier die Zurücknahme der Fronten bedingt (Südseite, rechts); die weitgehend erhaltene Nordseite der Großen Bockenheimer Straße (Freßgaß) wurde erst 1956 abgerissen und 15 Meter (!) zurückgenommen. Mit den kalten Fronten der fünfziger Jahre werden wir noch Jahrzehnte leben müssen, aber wo es möglich ist sollte auch heute die Stadtplanung nach gefälligeren Konzeptionen suchen und Plätze wieder schließen.

ABECE
Konfektion
ZAHLUNGS
Friseur
WESTEND BAD
PH. BECK · REUTLINGER
Parfümerien

WIEDERAUFBAU GR. BOCKENHEIMER-STR
KAISERHOFSTR. · KL. HOCHSTR
DÖRR · GRUBER · RUPPEL
ARCHITEKT WALTER ZIMMERMANN
Ruppel
CAFÉ DÖRR
Cafe Dörr

Große Bockenheimer Straße (Freßgaß) nach Westen

Im Blick nach Westen entsprechen sich nur die beiden oberen Bilder, aufgenommen vom „Säuplätzi" in Richtung Opernplatz. Das untere frühe Nachkriegsfoto geht umgekehrt über das Säuplätzi in den Bogen der Kalbächergasse gegen den Rathenauplatz, wo schon 1954 das Restaurant „Drei Hasen", erst 1906 erbaut, auf 32 Meter (!) Straßenbreite zurückgenommen wurde. Aus der Großen Bockenheimer Straße und der Kalbächergasse, die zusammen seit der Jahrhundertwende von jedem Frankfurter wegen der traditionellen Delikatessengeschäfte nur als „Freßgaß" bezeichnet wurden, wollten die Nachkriegs-Stadtplaner partout eine Durchgangsstraße machen. Heute, da der Verkehr eher über den doppelläufigen Cityring um die Innenstadt herumgeleitet wird, erscheint die Überlegung der 50er Jahre als Fehlplanung. Damals aber galt die Verbindung von stark frequentierter Verkehrsstraße und Geschäftsstraße als das Nonplusultra moderner Großzügigkeit. Mit der Berliner Straße werden wir weiterleben müssen (vgl. S. 72/73), die Freßgaß ist dagegen 1977 Fußgängerzone in einer heute eher als unwirtlich empfundenen Breite geworden. Diese Verbreiterung auf 28 bis 32 Meter (am Säuplätzi gar 44 Meter) aber war durch die Niederlegung der Nordseite der Bokkenheimer und der Südseite der Kalbächer bedingt und seinerzeit nicht einmal als unangebrachter Eingriff in die Urbanität der Freßgaß empfunden worden. Die 50er Jahre dachten eben doch anders als wir heute, und bei dem desolaten Zustand des Straßenzugs (vgl. Bild 2) schienen die Sanierung und die Möglichkeit, in modernen Geschäften die Umsätze zu steigern, vielversprechend. Wie schrieb im Februar 1956 die Neue Presse? „Sie wird sehr breit. Sie wird ein Musterbeispiel für das moderne Frankfurt, das gerühmt wird, weil die Autos sich nicht stockend durchkämpfen müssen, sondern flott weiterfließen können. Aber dann ist die Freßgaß keine Gasse mehr... Freilich wird sie eine schöne Straße sein, eine herrliche Straße sogar... aber nur eben keine Freßgaß."

Große Eschenheimer Straße, Eschenheimer Turm von Süden

Was wir Seite 95 behauptet haben, daß die Große Eschenheimer keine „verkehrsgerechte" Straße war, beweist sich hier in der Teleaufnahme vom Katharinenturm (Bild 1). Wie eine letzte Bastion der östlichen Häuserzeile, in der das Portal des Thurn- und Taxis-Palais früher weniger zur Geltung kam als heute (vgl. S. 97), wirkt das um 1900 bekuppelte Eck des „Bürgervereins", Große Eschenheimer Straße 74, das der berühmte klassizistische Architekt Nicolas Alexandre Salins de Montfort 1803–06 für den Bankier Mülhens errichtete. 1848 wohnte darin der Reichsverweser Erzherzog Johann, nur wenige Schritte von seinem Dienstgebäude entfernt. Auch dieses architektonische Kleinod, von dem ein Schnitt durch die möblierten Zimmer der Bauzeit bekannt ist, hat den Krieg nicht überstanden. 1943/44 trafen es mehrfach die Bomben. Die Straßenfront ist hier weit zum Rundschauhaus (1955) zurückgenommen, um Stauraum für den stadtauswärts fließenden Verkehr zu

gewinnen. Auch sonst wurde die Große Eschenheimer stark zerstört. Man muß schon mit den Augen suchen, um noch bauliche Zeugen der Vorkriegszeit zu finden, etwa den Erker vor dem Eschenheimer Turm, der mit dessen Spitzen korrespondiert. Hier blieben die letzten Häuser der westlichen Zeile erhalten. Dagegen ist das Verlagshaus der Frankfurter Zeitung, die bis 1943 die „Gleichschaltung“ überstehen konnte, im Krieg so stark beschädigt worden, daß die Reste 1946 mit Hilfe amerikanischer Räumkommandos abgetragen wurden (Bild 2).

Wie durch ein Wunder war der Eschenheimer Turm, 1426–28 vollendet von Dombaumeister Madern Gerthener, diese Solitär-Perle in der Kette der Frankfurter Neustadtbefestigung, durch den Krieg gekommen, nachdem er allen früheren Versuchen, ihn dem Verkehr zu opfern, getrotzt hatte. In der ersten Welle der Festungsdemolierung nach 1806 mußte sogar der französische Gesandte für ihn bitten. Leider steht er heute unerreichbar, vom Verkehr umbrandet. Aber vielleicht könnte er aus der darunter liegenden U-Bahn-Station zugänglich werden?

LOTTO
TOTO
mainradio
Eschenheimer Anlage

Eschenheimer Turm von Norden

Ob vom Oeder Weg (linkes Bild) oder von der Eschersheimer Landstraße (rechte Bilder), wer in die befestigte Stadt wollte, mußte durch das Eschenheimer Tor, dem im Mittelalter noch ein Hornwerk vorgelagert war. Erst Fürst Dalberg gab dem bis zum Knauf 50 Meter hohen Turm wieder ein Vortor und diesem mit Inschrift seinen Namen „Carlsthor XDCCCVII". 1864 wurde es wieder beseitigt – als Verkehrshindernis. 1888 startete von hier, noch von Pferden gezogen, die „Lokalbahn" nach Eschersheim, die nach der noch im gleichen Jahr erfolgten Umstellung auf Dampfzug von den Frankfurtern fast liebevoll „Knochemiehl" genannt wurde. 1914 mußte die erst 1867 errichtete Senckenbergische Bibliothek weichen, um dem Vergnügungslokal Groß-Frankfurt (1916) Platz zu machen. Immer aber blieb der Turm, flankiert von reichlich Grün, das heute mit dem Asphalt kämpft, städtebauliche Dominante. Das Bayerhaus (1952) hier zuzulassen, war ein Fehlentscheid, und auch für Werner Goepferts Wassermühlen (1969), im Verkehrsstrudel unbeachtet, gab es keinen schlechteren Platz.

PROMENADE
RESTAURANT

1005

Volksbildungsheim von Süden

Es ist ein Kreuz mit den Frankfurter Kriegsruinen und ihrer Wiederverwendung! Standen die Fassaden noch, waren doch die Dächer dahin, und die spartanischen Nachkriegsverhältnisse gestatteten keine aufwendigen Restaurierungen. Man behalf sich mit Flachdächern, setzte allenfalls ein einfaches Walmdach auf (Hauptwache, Bethmannbank) oder kaschierte mit einem modernen Obergeschoß (Deutsche Bank, Rathaus-Nordbau). Dabei verschwand oft, was noch erhaltenswert gewesen wäre. Unmut darüber zu empfinden, verhinderte die Vergeßlichkeit. Aber Fotos sind Beweisdokumente, und niemand sage heute, es käme bei dem hier gezeigten Gebäude auf die Attika, die Eckvasen mit ihren Putten und die Giebelfelder nicht an. VOLKSBILDUNGSHEIM steht heute in vergoldeten Lettern auf dem Gesims, hinter dem das nur flach ansteigende Behelfsdach bei näherem Standort völlig verschwindet. Erbaut vom Kaufmännischen Verein (1908, Architekt Helfrich), diente es mit seinem 1400 Personen fassenden Großen Saal (und einem kleineren für 300) zunächst dem Kongreß- und Gesellschaftsleben der Frankfurter Geschäftswelt, auf die sich die Allegorien des Stirngiebels bezogen. Seit 1910 wird hier auch Theater gespielt, zunächst vom Rhein-Mainischen Verbandstheater, seit 1963 durch das „Theater am Turm" (TAT), das nach dem Experiment eines Jugendtheaters künftig wohl als Gastspielbühne weiterleben wird. Schon im ersten Weltkrieg, in dem das Gebäude als Lazarett diente, kam der Kaufmännische Verein in Schwierigkeiten. Mit Hilfe von Spenden und städtischer Hilfe gelang es dem 1890 gegründeten, in der Arbeiterbildungsbewegung wurzelnden „Ausschuß für Volksvorlesungen", der sich dann „Bund für Volksbildung" nannte, hier Fuß zu fassen. Seitdem ist das „Volksbildungsheim" Sitz der Volkshochschule und der Frankfurter Volksbühne. 1943 und 1944 wurde das Haus durch Bomben und Brand so mitgenommen, daß es erst am 18. Dezember 1953 wiedereröffnet werden konnte. Zerstört wurde auch die Wirkungsstätte Clara Schumanns und Julius Stockhausens, das anschließende Hochsche Konservatorium. Auf das Trümmergrundstück dehnte sich das Volksbildungsheim aus, doch blieben im Erweiterungsbau (1963) dem Konservatorium Räume vorbehalten.

Bahnhofsplatz von Süden

Als man den „Centralbahnhof“ zu bauen begann (1883, Architekt Eggert), war hier im Frankfurter Westen noch freies Feld. Nur die Gutleutkaserne stand schon früher (1877/79), und der Westhafen kam 1886 dazu. Die Kopfbahnhöfe der ersten Linien (seit 1839) standen an der Gallus- und Taunusanlage. Die Main-Neckar-Bahn dampfte über die Wilhelmsbrücke (heute Friedensbrükke), die Main-Weser-Bahn über die heutige Friedrich-Ebert-Anlage, und dazwischen zog die Taunusbahn geradewegs ihre Trasse nach Westen, an die sich später der Hauptgüterbahnhof anlehnte. Zwischen Main-Neckar-Bahn und Main-Weser-Bahn gab es die „Verbindungsschleife“, und genau in diesem Bogen, der, eine städtebaulich äußerst glückliche Eingebung, in der konkaven Platzfront wiederkehrt, weihte man 1888 das neue Empfangsgebäude ein. Drei Hallen genügten fürs erste für den Hauptbahnhof, der, lange Zeit der größte des Kontinents, erst 1915 von Leipzig überholt wurde. 1924 kamen die

beiden Außenhallen hinzu. Vergessen war bald, daß man es als äußerstes Wagnis empfunden hatte, das Verkehrszentrum 600 Meter vor die bebaute Stadt zu schieben. Denn die Entwicklung hat den Planern von damals recht gegeben. Das „Bahnhofsviertel“ füllte sich in einem Jahrzehnt und wurde nicht nur ein Nebenzentrum der City, sondern die City hat sich längs der Kaiserstraße bis zum Hauptbahnhof ausgedehnt. Der heutige Niveauverfall ist sekundär (Überalterung der Bausubstanz, Mangel an Grünflächen, Amüsierviertel mit hoher Kriminalität) und im Begriff, aufgefangen zu werden. Freilich ist die Einheitlichkeit eines so einzigartig geschlossenen und ausgedehnten wilhelminischen Stadtteils dahin. Allein die Platzfront gegenüber dem Hauptbahnhof, der selbst Eingriffe in seine Fassade hinnehmen mußte (1957), zeigt die Verwandlung, wobei es nicht nötig gewesen wäre, so wohlerhaltene Gebäude (Bild 3) wie das Schumanntheater, den einzigen repräsentativen Jugendstilbau Frankfurts, und das Carltonhotel zugunsten nichtssagender Geschäftsbauten abzureißen (1961 bzw. 1976).

GOETHE GYMNASIUM

Goethegymnasium von Westen

In der Hohenzollernanlage, heute Friedrich-Ebert-Anlage, erhielt 1897 das Goethegymnasium seinen langentbehrten Neubau (Architekt Frobenius), der aufs harmonischste mit der gegenüberliegenden, etwas jüngeren Matthäuskirche (1903/05, kriegszerstört, Neubau) korrespondierte. Wir lesen in der Frankfurter Neuen Presse am 5. Dezember 1951: „Der Giebel des Goethegymnasiums... Auch in den Jahren nach dem Krieg, als die Schule ausgebrannt war, stand er noch majestätisch da und verbarg hinter seiner Fassade einen trostlosen Trümmerhaufen. Inzwischen ist gebaut worden... Da der Giebel baufällig geworden war, sollte er gesichert werden und seinen alten Glanz erhalten. Der Magistrat debattierte, es gab erhitzte Köpfe, und nach einigen Stunden ward beschlossen: 80000 Mark stellt der Magistrat bereit, damit der Giebel gerettet werde. Am gleichen Tag, da die Stadtväter debattierten und sich endlich so großzügig zeigten, rückten auch die Arbeiter der Firma an, die den Auftrag hatten, den baufälligen Giebel abzureißen... Kaum war der Beschluß im Magistrat gefaßt, zogen die wackeren Männer kräftig an den Seilen, und der Giebel stürzte mit ohrenbetäubendem Lärm in der gewünschten und vorher genau berechneten Richtung ein. Das ist die Geschichte, wie die Stadt Frankfurt 80000 Mark gespart hat. Es ist immer gut, wenn die Linke weiß, was die Rechte vorhat." Der Platz war frei für das neue, schallgedämpfte Hauptgebäude, das am 18. Dezember 1959 eingeweiht wurde (Architekten Hämmerle und Zitter). „Nichts mehr erinnert an das Gebäude aus der Gründerzeit, alles ist zweckmäßig, einfach und klar" (Neue Presse 5. 6. 1959). Dahinter ragt das mit 40 Geschossen 143 Meter hohe Hochhaus am Platz der Republik auf („City-Haus", Architekten Krahn und Heil), das noch zur dunkel-abweisenden Generation der Frankfurter Hochhäuser gehört. Am 29. August 1973 war Richtfest, nachdem es acht Tage zuvor wie eine Fackel gebrannt hatte.

Festhalle auf dem Messegelände
(Bild 1 und 4 Hauptfront, Bild 3 Rückseite 1950)

Frankfurt hatte für den Verlust der Messe, die nach Leipzig abgewandert war, in internationalen Ausstellungen und Kongressen Ersatz gefunden, für die jeweils teure Hallen errichtet wurden, die danach wieder verschwanden. Um ständig neue Provisorien zu vermeiden, entstand 1906 im Zusammenwirken von Oberbürgermeister Adickes und dem Münchner Architekten Friedrich von Thiersch die Frankfurter Festhalle, von den einen als Deutschlands größter (bis zur Breslauer Jahrhunderthalle 1913) und schönster Festraum begrüßt, von andern als „Hasenbratenarchitektur" abgetan. Im Juli 1908 konnte darin bereits das XI. Deutsche Turnfest abgehalten werden, am 19. Mai 1909 wurde sie anläßlich des 3. Wettstreits deutscher Männergesangsvereine in Anwesenheit des Kaiserpaares eingeweiht. Seit 1977 steht sie unter Denkmalschutz. Dabei ist sie nur ein Torso. Das zusätzlich links davor geplante Konzertzentrum, welches „allen Kreisen der Bevölkerung den Genuß edelster Musik zugänglich machen" sollte (Adickes), mit drei Sälen für 3500, 800 und 400 Zuhörer, wurde nie gebaut. Die Universität erschien wichtiger, die Adickes-Ära ging zu Ende (1912), dann setzte der Weltkrieg allem Planen ein Ende. Das auf uns gekommene Hauptgebäude aber, die eigentliche Festhalle, kann sich durchaus allein behaupten. Der 18000 Personen fassende, in seinen schwingenden Formen vom Jugendstil beeinflußte Stahlkuppelbau ist in den sieben Jahrzehnten seines Bestehens auf die vielfältigste Weise verwendet worden und für Ausstellungszwecke, Sport- und Konzertveranstaltungen gleichermaßen geeignet. Selbst Reitturniere und Sechstagerennen finden hier statt. Den zweiseitig halbrund ausgewölbten Rechteckgrundgriß von 115:45 m mit einer Nutzfläche von 6000 qm überspannen eiserne Streben, die in 30,5 m Höhe an einem Sprengring von 18,5 m Durchmesser zusammentreffen. Die Zwischenflächen sind verglast. Zwischen monumentalen Ecktürmen nahm ein neoklassizistischer Rundpavillon das Vestibül und – über hufeisenförmige Innentreppen erreichbar – den Empfangssaal auf. Die Dächer und Attikaverzierungen dieser Anbauten sind nach dem Kriege nicht wieder hergestellt worden. Kurioserweise haben nicht erst Fliegerbomben die Festhalle zerstört. Bereits in der Nacht vom 18. auf den 19. Dezember 1940 brannte die Halle, die damals als Uniformlager genutzt wurde, lichterloh, vermutlich infolge Sabotage, da der Brand an vier Stellen zugleich ausbrach (Bild 2). Nach einem zweiten Brand (Luftangriff am 24. 8. 1942) blieb von der Kuppel nur noch das ausgeglühte Gerippe. Erst zur Frühjahrsmesse 1950 konnte die Festhalle wieder in Betrieb genommen werden.

Naturmuseum Senckenberg von Nordosten

Ihr erstes Museum errichtete die 1817 gegründete Senckenbergische Naturforschende Gesellschaft 1820 längs der Bleichstraße neben dem Eschenheimer Turm auf dem Stiftungsgelände des Frankfurter Arztes Dr. Johann Christian Senckenberg (1707–72). Als dort der Raum zu eng wurde und Oberbürgermeister Adickes sich mit dem Gedanken trug, die 1901 mit privaten Mitteln gegründete Akademie für Sozial- und Handelswissenschaften zur Universität auszubauen und mit den Senckenbergischen Instituten zu verbinden, fand sich neues Gelände an der Viktoria-Allee (heute Senckenberganlage) am Rand der Bockenheimer Gemarkung. Im Anschluß an das Jügelhaus (1904/06, Ludwig Neher), dem in der Mertonstraße gelegenen Hauptbau der Universität, entstand zunächst die Senckenbergische Bibliothek (1907, Architekt Franz v. Hoven, im Zerstörungsbild rechts), auf dem andern Eck zur Robert-Mayer-Straße, ebenfalls von v. Hoven, der nach Westen langgestreckte Trakt des Physikalischen Vereins (1908), zu dem der Kuppelturm der Sternwarte gehört. Auf das wichtigste Grundstück an der Alleefront kam das Senckenbergmuseum zu stehen (Einweihung am 13. Okt. 1907), dessen neobarocke Schloßarchitektur Ludwig Neher mittels Arkadengängen an die Bauten v. Hovens ankoppelte. Keines der Gebäude kam unbeschädigt durch den Krieg, der besonders im Januar und März 1944 zuschlug. Nach Instandsetzungs-, Um- und Erweiterungsbauten gehört das Frankfurter „Senckenberg" heute zu den bedeutendsten Naturmuseen der Welt. Sehr verändert hat sich das Bild der Senckenberganlage durch die Hochhaustürme der Universitätsabteilung für Erziehungswissenschaft (Richtfest 1970) und (dahinter) des Canadian Pacific Plaza Hotels (1972/75), die der Sternwarte, die ohnehin mit der Frankfurter Dunstglocke zu kämpfen hat, einen Teil des Südhimmels nehmen.

Naturmuseum Senckenberg, Großer Lichthof

Als das Senckenbergianum im März 1944 von Bomben getroffen wurde, die vor allem das neubarocke Mansarddach mit dem Türmchen vernichteten (während die Giebelfiguren mit dem Chronos erhalten blieben), war der Hauptbestand der wissenschaftlichen und Schausammlungen in Sicherheit. Mit 200 Möbelwagen waren die teilweise unersetzlichen Schätze an fünfzig verschiedene Ausweichlager in Hessen gebracht worden. Auch das Prachtstück des Museums, die 1907 vom American Museum of Natural History in New York zur Eröffnung geschenkte 20 Meter lange Donnerechse (Diplodocus longus), das einzige nach Europa gelangte Stück (aus Wyoming, USA), war in Kisten verpackt worden, nachdem man mühsam ihr eisernes Traggerüst auseinandergeschweißt hatte. Als die Mitarbeiter des Museums im Lichthof vor dem Skelett des Tyrannosaurus für den Wiederaufbau des zerstörten Nordbaus Steine klopften (1947), war die Donnerechse, die vor 90 Millionen Jah-

ren lebte, noch nicht wieder zusammengesetzt. Heute steht sie wieder zwischen ähnlichen Monstern im großen Lichthof, der, schon am 19. März 1949 wiedereröffnet, infolge der seit 1962 durchgeführten museographischen und didaktischen Umgestaltung des Museums sich eine Modernisierung gefallen lassen mußte, die das alte Architekturraster mit Rauchglas kaschiert. „Museumsgestaltung ist eine besondere Art der Baukunst. Durch sie soll wissenschaftliches Gedankengut allgemein verständlich und anschaulich dargestellt werden. Dies geschieht mit architektonischen und gestalterischen Mitteln unter Einbeziehung aller gegenwärtigen Erkenntnisse der Didaktik und der technischen Möglichkeiten auf dem Gebiete der Präparation, der Metall- und Kunststoffplastik, der wissenschaftlichen und der Gebrauchsgrafik, der Beleuchtungstechnik und des allgemeinen Ausstellungswesens" (Wilhelm Schäfer). Das Schaumuseum, das fast täglich über tausend Besucher zählt, nimmt heute etwa ein Drittel des Gebäudes ein. Zwei Drittel dienen dem Forschungsinstitut.

Bockenheimer Landstraße, Gontardsches Gartenhaus

Die Bockenheimer Landstraße verbindet Opernplatz und Senckenberganlage und teilt das Frankfurter Westend in einen südlichen und einen nördlichen Bereich. Im südlichen lagen bis ins 19. Jahrhundert die Wiesen und Felder des Kettenhofs, im nördlichen kleinere Erwerbsgärtnereien um den Grüneburgweg. Am Nordrand der Bockenheimer Landstraße, die Frankfurt mit Bockenheim, Rödelheim und Hausen verband und weiter über Eschborn/Königstein in die Kölner Kaufmannsstraße mündete, bauten sich noch im 18. Jahrhundert reiche Frankfurter ihre Sommervillen. Die letzten reichten bis zur heutigen Siesmayerstraße, wo der Gutshof der Familie Günderrode erst 1893 abgerissen wurde. Die größte Villa war das Rothschildpalais, zuletzt bis zur Zwangsenteignung im Besitz der Familie Goldschmidt-Rothschild, Bockenheimer Landstraße 10, das aus einem Landhaus des 18. Jahrhunderts hervorging und es schließlich nach mehreren Um- und Anbauten (F. Rumpf, F. v. Hoven) bis 1870/71 auf 15 Achsen brachte. Heute steht dort das Hochhaus der Berliner Handelsgesellschaft (Bild 3, ganz rechts). Auch Bismarck wohnte, als er 1851 als Bundesgesandter nach Frankfurt kam, zunächst in der Bockenheimer Landstraße, im Landhaus der Familie Adlerflycht (Nr. 104), weil ihm die ländliche Umgebung gefiel und zum Ausreiten bequem war. Westlich der Unterlindau, wo seit 1967/73 das Hochhaus der Hochtief AG steht (Bild 3, Mitte), befand sich von 1858 bis 1874 der erste Frankfurter Zoologische Garten. Unstreitig das schönste und berühmteste Haus war das westlich anschließende, das „Gontardsche Gartenhaus“ (Nr. 42). Als ein Juwel des Klassizismus hatte es sich der Bankier Franz Gontard, der mit Friederike Wichelhausen verheiratete Bruder von Jakob Gontard, dem Ehemann von Susette Borkenstein, Hölderlins Diotima, 1799 von Salins de Montfort bauen lassen. Durch Erbgang kam es später an die Familie Passavant, die es in den 80er Jahren vergrößern ließ, u. a. durch den seitlichen Alkoven (Bild 1), und bis zu seiner Vernichtung am 18. und 22. März 1944 bewohnte. 1950/52 errichtete die Alte Leipziger Lebensversicherung auf dem Trümmergrundstück ein Bürogebäude, das kürzlich einem Neubau weichen mußte. Das Hölderlindenkmal (1957, H. Mettel) wird hier wieder Platz finden und an die Dichterliebe zu Susette Gontard erinnern.

Zoologischer Garten, Gesellschaftshaus von Westen

Am 16. Dezember 1876 schrieb eine Frankfurter Zeitung: „Mit dem heutigen Tag wird unsere Stadt um einen Anziehungspunkt reicher, und das vernachlässigte Ostend... erhält eine Zierde, um die es wohl von mancher großen Stadt beneidet werden dürfte.“ Am 16. Dezember 1876 wurde das Gesellschaftshaus (Architekten Kayser und Durm) des neuen Zoologischen Gartens eingeweiht. Der Frankfurter Zoo lag zunächst an der Bokkenheimer Landstraße (vgl. S. 139), wo er sich bei steigender Beliebtheit (nur der Berliner Zoo ist älter in Deutschland) bald als zu klein erwies. Für die erweiterte Konzeption von 1872 stellte die Stadt der Zoologischen Gesellschaft die Pfingstweide zur Verfügung, wo am 29. März 1874 der neue Garten eröffnet werden konnte. Im Jahre 1915 übernahm die Stadt den Zoo, der im 2. Weltkrieg fast völlig zerstört wurde. In der Nachkriegszeit wiedererstanden, blieb er, bei aller Beengtheit innerhalb des bebauten Stadtgebiets, an seinem angestammten Platz, doch konnte er sich wenigstens auf die Trümmergrundstücke zwischen Rhön- und Waldschmidtstraße ausdehnen. Im Laufe der Zeit sind alle Tiergehege modernisiert worden. In einigen (Exotarium, Menschenaffenhaus, Vogelhaus, 24-Stunden-Haus u. a.) sind neueste Erkenntnisse der Tierhaltung und -präsentation erprobt und richtungweisend verwirklicht worden. Erfreulich auch, daß das Gesellschaftshaus nicht, wie nach dem Krieg zunächst beabsichtigt, abgerissen wurde. Wenn es auch nur ein im Innern 1956/58 völlig modernisierter Torso ist, erinnert seine Fassade doch an die über hundertjährige Tradition des Tiergartens. Wie früher wird hier getanzt, Theater gespielt (Fritz-Rémond-Theater) und Kunst ausgestellt. Nicht erneuert wurde der Schützenbrunnen (1894, von dem Zwergerschüler Rudolf Eckhardt) mit seiner zeittypischen Germania. Am 27. April 1940 schrieb das Frankfurter Volksblatt: „Die Zerkleinerungsarbeiten waren ziemlich schwierig... In wenigen Stunden wird nichts mehr daran erinnern, daß hier einst der pompöse Schützenbrunnen stand. Wenigstens hat er im Sterben noch seine Aufgabe erfüllt und dem Vaterland einen recht ansehnlichen Brocken für die Metallspende geliefert.“

Gepäck und Handgepä

Ostbahnhof von Westen

Auch im Frankfurter Osten lag der erste Bahnhof ursprünglich näher an der Stadt. Für die am 9. September 1847 eröffnete Frankfurt-Hanauer Bahn wurde der erste Bahnhof schon 1848/49 errichtet. Es war ein bescheidener Kopfbahnhof, eigentlich nur eine Sperre mit einem Fahrkartenschalter, in dem Zwickel zwischen Röderbergweg und Hanauer Landstraße. Die veränderte Streckenführung über die Deutschherrnbrücke (1913) mit Anschluß an den Hauptbahnhof und die für den Osthafen (1912) nötigen Verschiebegleise machten die Verlegung des Ostbahnhofs notwendig, der am 7. März 1913 seiner neuen Bestimmung als Durchgangsbahnhof übergeben werden konnte. Die Zeitgenossen lobten die wohlgegliederte Fassade in rotem Mainsandstein und die Eingangshalle, die mit ihrer 16:36-Meter-Wölbung damals zu den größten Hallen ihrer Art gehörte. Zu den Bahnsteigen, die in Höhe des ersten Stockwerks lagen, führte ein sechs Meter breiter Personentunnel über zwei Treppenanlagen. Eine 150 Meter lange und 19 Meter breite Eisenkonstruktion schützte die Bahnsteige vor Wind und Wetter. Dreizehn Jahre nach ihrer Zerstörung (1944) wurde die Konstruktion, die 540 Tonnen Schrott erbrachte, abgetragen. Ebenso verschwanden die Reste der Empfangshalle. Sparsamkeit regierte die Überlegungen der Bundesbahn, die der neue – heute allerdings minder wichtige – Ostbahnhof „nur" 1,4 Millionen DM kostete, während der alte schon zu Kaisers Zeiten 1 Million Goldmark verschlungen hatte. Ob der Neubau aber so puritanisch ausfallen mußte? Als er am 5. Juli 1961 in Betrieb genommen wurde, reagierte die Presse durchaus positiv auf „die geräumige, lichtdurchflutete Wartehalle mit Glasschleifarbeiten und Tierbildern des Frankfurter Zoos und die Schnellgaststätte, für deren Wandverkleidung aus Mosaik die Frankfurter Künstlerin Lina von Schauroth eine Pferdegruppe gestaltete" (Neue Presse 6. 7. 1961). In „Bahnhof Zoo" hatte man ihn nicht umbenennen wollen, um Berlin, der deutschen Hauptstadt, auch in kleinen Dingen nichts zu nehmen.

Deutschordenshaus mit Deutschordenskirche von Nordwesten

Das Deutschordenshaus (oder auch „Deutschherrnhaus“) am Sachsenhäuser Brückenkopf der Alten Brücke geht auf ein vor 1193 durch den staufischen Reichsbeamten Kuno von Münzenberg gestiftetes und dem Deutschen Orden 1207 übergebenes Hospital zurück. Seit dem 13. Jahrhundert bis 1809 war das Haus Sitz einer Komturei des Deutschen Ritterordens, der sein Zentrum in der Marienburg in Ostpreußen, später in Mergentheim hatte. Die im Kern und in der Fassade heute noch erhaltene barocke Dreiflügelanlage wurde 1709–15 über den gotischen Fundamenten von dem Frankfurter Baumeister Daniel Kayser errichtet. Von dem kurfürstlich mainzischen Hofarchitekten Maximilian von Welsch stammt der Entwurf für das an der Brückenstraße liegende Portal. Die Eckmadonna schuf der Frankfurter Bildhauer Johann Bernhard Schwarzenburger. Der seit dem 19. Jahrhundert als Lazarett, Kaserne, Druckerei und Künstlerheim entfremdete Schloßkomplex war schon während des Angriffs am 4. Oktober 1943 ausgebrannt und später noch durch Sprengbomben mitgenommen worden. Mit der gesamten Innenstruktur ging auch das schöne dreiläufige Treppenhaus mit Figuren von Cornelius Andreas Donett verloren. Die Restaurierung (1960–75) beschränkte sich demgemäß auf die Außenfront, wo auch Portal (1976) und Madonna (1973) ergänzt wurden. In dem stillen, an die Nordwand der Kirche anschließenden, von Pfeilerarkaden gebildeten ehemaligen Barockhof sind leider die Proportionen zerstört, seit das Mansardgeschoß zum Hauptgeschoß vorgezogen wurde. Die in der ersten Hälfte des 14. Jahrhunderts als gotische Saalkirche erbaute Deutschordenskirche St. Maria, deren schöner Kirchenraum ab 1881 regotisierend erneuert wurde, erhielt 1747–51 von Ferdinand Kirchmeyer aus Mergentheim eine vorgeblendete Barockfassade, die im Krieg erhalten blieb, während das gleichzeitige Dachtürmchen samt Zwiebelhaube und Laterne einstürzte, als das Dach wegbrannte. In den fünfziger Jahren wurde der hübsche Fassadenturm im alten Stil erneuert. Leider wird das seit 1958 wieder im Besitz des Deutschen Ordens befindliche monumentale Eck, in dem heute der Frankfurter Kulturdezernent residiert, sehr durch den starken Kreuzungsverkehr beeinträchtigt, doch stammt die Aufschüttung der Uferstraße schon aus der Vorkriegszeit.

Kuhhirtenturm, Abschluß der Paradiesgasse nach Norden

In der Paradiesgasse hängt der Fichtenkranz heute nur noch symbolisch. Einst war er das alte, früher mit einem Apfel in der Mitte noch verständlichere Zeichen dafür, daß hier „gezapft“, d. h. Apfelwein ausgeschenkt wurde, und zwar vom Erzeuger in seinem Vorderstübchen. So unterschieden sich die Heckenwirtschaften (Ausschank der „Häcker“) von den Schildwirtschaften, den ganzjährig geöffneten Gasthäusern, die sich durch ihr Wirtsschild auswiesen. Die Häcker, das waren die kleinen Sachsenhäuser Pachtgärtner, die ihren Namen von der Weinbergshacke ableiteten, mit der sie einst den Sachsenhäuser Berg rodeten. Mit der Zeit verschwanden die Weinberge, und im 19. Jahrhundert war der auch früher nicht unbekannte Apfelwein zum Frankfurter „Nationalgetränk“ geworden. Heute hat er sich gegen die Konkurrenz des Bieres zur Wehr zu setzen. Die Paradiesgasse hat sich nach dem Krieg gänzlich verändert. An der Stelle des ehemaligen, schon früher verschwundenen Paradieshofes, von dem die Gasse den Namen hat und der im 14. Jahrhundert dem Frankfurter Patrizier Siegfried zum Paradies gehörte (sein Grabstein von 1386 in der Nikolaikirche), steht heute eine moderne Gaststätte, vor ihr der Paradiesbrunnen (1786), der früher am Eck gegenüber dem Kuhhirtenturm stand. Verschwunden ist auch der Frankensteiner Hof am andern Eck, ein weiträumiger Renaissancebau mit einem charakteristischen hofseitigen Treppenturm. Absolut deplaciert steht hier heute das Stadtentwässerungsamt, für das die Reste des Hofes beseitigt wurden. Die Kriegsschäden waren nicht so gravierend, daß eine Restaurierung nicht hätte versucht werden können. Aber 1950 stürzte der Treppenturm ein. Der Bauaufsichtsbehörde war es daraufhin ein leichtes, auch die übrigen Mauern zu beseitigen. Geblieben ist einzig der einst zur Stadtbefestigung gehörende „Kuhhirtenturm“, d. h. nach starker Kriegsbeschädigung im Oktober 1943 hat er allein sein annähernd gleiches Äußere wiedererhalten (1957). Heute gehört der Turm, der einmal „Elefant“ hieß, in dem im 19. Jahrhundert aber der Sachsenhäuser Kuhhirt, von 1923–28 übrigens Paul Hindemith wohnte, zum Komplex des mainseitig 1951 erbauten „Hauses der Jugend“, der Frankfurter Jugendherberge. Im Hof steht heute der Bäckerbrunnen (1794).

HARTMANN
Weine Liköre
Buchhandlung
Leihbibliothek

Bäckerei
JOSEF VOGT

Elisabethenstraße von Osten

Die Elisabethenstraße, benannt nach einer der Hl. Elisabeth von Thüringen geweihten Kapelle, die in der Flucht der Brückenstraße 1809 abgebrochen wurde, war einst, was heute die Schweizer Straße für sich in Anspruch nimmt, die „Sachsenhäuser Zeil". Belebt war sie schon immer, da durch sie der Verkehr vom Affentor zur Alten Brücke lief. Aber erst im Wiederaufbau, 1966 auf doppelte Breite gebracht, wurde sie zur vierspurigen Rollbahn, was freilich ihre Totalzerstörung erleichterte. Vielleicht hätte man für ihre Fronten qualitätvollere Bauten wählen können, wenn schon eine Rekonstruktion der alten, teilweise bis ins 15. Jahrhundert zurückreichenden Fachwerkhäuser nicht in Frage kam. Auf der Südseite, am vorstehenden Eck der Kaltlausgasse, ist der „Alte Pickel", 1405 zuerst genannt, auf unserem Zerstörungsbild vom Oktober 1943 nur noch ein rauchender Trümmerhaufen. Dagegen ist die Gastwirtschaft zur „Kornkammer" am Eck zum Fritschengäßchen noch einmal davongekommen. Spätere Angriffe gaben dem weit vorkragenden Fachwerkhaus, das mit seinen langen Bügen, den Stützen der Geschosse, zu den ältesten Frankfurts zählte, schließlich den Rest. Aber immer noch standen nach dem Krieg Teile des Erdgeschosses. Heute findet man dort eine nichtssagende Häuserflucht, die das Fritschengäßchen überspannt. Einziger Bezugspunkt zur Vorkriegszeit ist der Turm der Dreikönigskirche im Hintergrund, denn auch in der Dreikönigsstraße, die die Elisabethenstraße nach Westen fortsetzt, stehen neue Häuser. Nur die beiden letzten an der Oppenheimer Straße haben die Neuerungssucht überstanden und wurden 1979 renoviert.

Städelsches Kunstinstitut

Der 1728 in Frankfurt geborene Kaufmann Johann Friedrich Städel, dem sein großes Vermögen gestattete, eine bedeutende Sammlung von Gemälden, Handzeichnungen und Radierungen zusammenzutragen, verfügte in seinem Testament von 1815 die Stiftung eines „Städelschen Kunstinstituts“, dem er seine Kunstsammlung, Bibliothek und sein beträchtliches Barvermögen vermachte. Die Kunstsammlung, so bestimmte der 87jährige, sollte der Öffentlichkeit zugänglich sein und mit einer Kunstschule verbunden werden. Als Städel schon im nächsten Jahr starb, wurde mit der Testamentseröffnung das Institut offiziell in seine Rechte eingesetzt, wenn sich auch ein Erbenstreit noch bis 1828 hinzog. Bereits 1817 waren die Sammlungen, die hinfort durch Tausch, Ankauf und weitere Stiftungen laufend vermehrt werden konnten, fürs Publikum geöffnet, zunächst im Hause des Stifters, Roßmarkt 18, seit 1928 in dem angekauften von Vrintsschen Hause, Neue Mainzer Straße 35. Die Kunstschule, unter Philipp Veits Leitung 1830 eröffnet, befand sich im gleichen Gebäude. Da ein Neubau wegen der auf den Wallgrundstücken ruhenden Baubeschränkung (Wallservitut, vgl. S. 111) nicht in Frage kam, erwarb die Städel-Administration bereits 1855 den Leerseschen Garten an der Bockenheimer Landstraße und verpachtete ihn zunächst an die Zoologische Gesellschaft (vgl. S. 139). Schließlich hatte das Terrain dort so an Wert gewonnen, daß für den Erlös nicht nur zehn Morgen am Schaumainkai gekauft, sondern auch der repräsentative Neubau (1874–78, Architekt Oskar Sommer) errichtet werden konnte. 1915–20 kam der südliche Erweiterungstrakt hinzu. Im Krieg wurde das Gebäude, auf dessen seitlichen Eckgliedern Flakstände postiert waren, schwer beschädigt, aber schon 1947 konnten Teile der Sammlungen wieder gezeigt werden. Die Eckbauten wurden 1963 angefügt.

Der Riedhof an der Mörfelder Landstraße von Süden

Der Riedhof, westlich von Sachsenhausen nördlich der Mörfelder Landstraße gelegen, gehörte zu den Hofgütern, die rund um die Reichsstadt im Besitz des Patriziats oder der Geistlichkeit waren und das fruchtbare Ackerland der Mainebene bewirtschafteten. Der Hof war ursprünglich wohl Königsgut, denn 1366 kam er als kaiserliches Lehen an Siegfried zum Paradies (vgl. S. 147). 1533 kaufte ihn die Stadt, 1804 der Bankier Bethmann. Simon Moritz von Bethmann, Frankfurter Diplomat, russischer Konsul und Staatsrat, setzte sich wohl schon vor 1810 mit einem der bedeutendsten Architekten seiner Zeit in Verbindung, mit Nicolas Alexandre Salins de Montfort. Dieser wirkte seit den 1790er Jahren in Frankfurt und ging 1807 nach Würzburg, um für den Großherzog Ferdinand von Toskana die Inneneinrichtung des Würzburger Schlosses zu modernisieren. Salins, daran besteht kein Zweifel, baute den Riedhof im Stil einer französischen Ferme. Von ihm stammt der bis in unsre Zeit überlieferte achteckige Grundriß mit der Öffnung nach Süden zur Mörfelder Landstraße. Zwar sind die Originalpläne auf 1815 (nachträglich?) datiert, doch schon in einem Steinbuch von 1806 ist der Neubau skizziert. Die nördliche Achteckseite nahm das 13achsige Herrenhaus ein, von dem die vier östlichen Achsen einen zweistöckigen Festsaal begrenzten, dessen klassizistische Dekoration bis zum Krieg, wenn auch verwahrlost, erhalten war. Je drei bebaute Seiten des Achtecks zwischen Wohngebäude und Tor nahmen die Wirtschaftsgebäude auf. In der Mitte des Hofs befand sich eine Pferdeschwemme, die als Achteck die Hofform wiederholte, davor ein Pumpbrunnen mit zwei wohlgeformten bronzenen Schwanenhälsen als Laufröhren. 1941 kaufte die Stadt den Riedhof zurück, nachdem auf einem Teil der Ländereien schon 1927–30 die Heimatsiedlung entstanden war. Weitere Riedhoffelder dienten 1952 der Fritz-Kissel-Siedlung. Auf dem verbliebenen Rest baute die Bethmannbank 1965 die drei Wohnhochhäuser „am Riedhof". Spreng- und Brandbomben hatten den Riedhof am 18. und 22. März 1944 zerstört. Immerhin war noch so viel Substanz vorhanden, daß die US-Army in den ersten Nachkriegsjahren hier einen Wagenpark unterhielt. Erst 1971 wurden die Reste abgetragen, obwohl die Fassaden, namentlich des Herrenhauses, noch weitgehend erhalten waren. Heute erzählt dem, der die Verhältnisse kennt, nur noch der Sandsteinbrunnen von einem der schönsten Höfe um Frankfurt. Die bronzenen Schwanenhälse aber sind gestohlen.

Sachsenhäuser Warte von Süden

1389 hatten die Frankfurter mehr als eine empfindliche Schlappe hinnehmen müssen. Im süddeutschen Städtekrieg hatten sie die Kronberger Ritter herausgefordert, waren dabei nahe Eschborn in eine Falle geraten und jämmerlich geschlagen worden. Hunderte von Frankfurtern gerieten in Gefangenschaft und mußten mit einer horrenden Lösegeldsumme freigekauft werden. Derart gewitzigt und immer auf der Hut vor Überfällen der „lieben" Nachbarn, baute Frankfurt seine Feldbefestigung aus. Etwa drei Kilometer vor der Stadt entstanden Wall und Graben und an den Durchgängen der Landstraßen die „Warten", Posten der Straßenwächter und Türme der Späher, die jede „feindliche" Bewegung zu melden hatten. So entstanden im 15. Jahrhundert die Gallus-, die Bockenheimer, die Friedberger Warte, und auch der Riederhof im Frankfurter Osten erfüllte ähnliche Zwecke. Der Bau der Sachsenhäuser Warte machte Schwierigkeiten. Nur mit kaiserlichem Schutz gelang es, gegen den Widerstand der südlichen Nachbarn 1470 die jetzige Warte aufzurichten. 1519 bestand sie ihre Feuerprobe gegen Franz von Sickingen, 1552 aber in der großen Belagerung Frankfurts durch die protestantische Union wurde sie von den Brandenburgern niedergebrannt. In neuerer Zeit schwand ihr Verteidigungsnutzen immer mehr. 1767 stellte Stadtbaumeister Liebhardt ein Forsthaus in den Hof. Auf Bild 1 ist noch sein Dach zu sehen. Die Warte hat zwar den Krieg überstanden, aber die Hofgebäude gingen in Trümmer. Zuletzt befand sich hier eine Autoreparaturwerkstatt. Von Zeit zu Zeit wurde die Warte renoviert, aber eine rechte Verwendungsmöglichkeit wollte sich nicht ergeben. Jetzt hat die Brauerei Binding sich entschlossen, darin eine Gaststätte einzurichten. Mittlerweile hat sich der Sachsenhäuser Berg mächtig verwandelt. Brauereien hatten schon im 19. Jahrhundert von ihm Besitz ergriffen. 1868 rückte der Südfriedhof der Warte, hinter der der Stadtwald beginnt, bedenklich nahe. Ein Wasserhochbehälter (1900) verbarg sich noch im Wasserpark, und des Malers Boehle Eldorado (seit 1910) störte wenig. Neuerdings aber hat der Verkehr an der Einmündung der Babenhäuser Landstraße in die Darmstädter zugenommen, und die moderne Architektur ist übermächtige Konkurrenz geworden (Henningerturm 1961, Sonnenring und Bürotel-Turm 1975).

Das Willemer-Häuschen auf dem Mühlberg, Hühnerweg 74

Gartenhäuser gab es rings um Frankfurt seit der Barockzeit die Menge, große und kleine, pompöse und bescheidene, kleine Lauben, in denen das Volk den Frankfurter „Herbst", die Weinlese, mit Lampions und Feuerwerk feierte, und vornehme Villen, in denen sich die Hautevolee mit großem Pomp in Gartenfesten und Bällen erging. Keines erlangte die Berühmtheit des recht bescheidenen, zweistöckigen Häuschens auf dem Mühlberg, das dem Bankier Willemer gehörte. Am 18. Oktober 1814, dem ersten Jahrestag der Völkerschlacht bei Leipzig, kamen hier nämlich der damals 65jährige Goethe, sein Jugendfreund Johann Jakob Willemer und dessen 29jährige Gefährtin Marianne Jung, die spätere Gemahlin Willemers, zusammen, um das Schauspiel der Freiheitsfeuer auf den Taunushöhen zu erleben. Goethe und Marianne faßten Zuneigung zueinander, und aus dem Gefühl geistiger Verbundenheit entstanden die herrlichen Gesänge des „Westöstlichen Diwans". Erst einer späteren Generation wurde offenbar, daß nicht die geringsten von „Suleika" selbst stammten, als die Marianne Willemer in die Literaturgeschichte eingegangen ist. So ruht ein Abglanz dieser vergeistigten Liebe auf dem Gartenhaus oberhalb Sachsenhausen. Die Bomben des Krieges haben auch dieses winzige Ziel gefunden. Am 4. Oktober 1943 brannte es aus, nur das Sockelgeschoß blieb stehen. Aber am 18. Oktober 1964, dem 150. Jahrestag der denkwürdigen Begegnung, konnte die kleine Idylle wieder der Öffentlichkeit übergeben werden. Finanziert von der Stadt Frankfurt, dem Freien Deutschen Hochstift und den Sachsenhäuser Bezirksvereinen, ist das Häuschen in seiner historischen Form wiedererstanden. Mobiliar aus dem frühen 19. Jahrhundert – Leihgaben des Museums für Kunsthandwerk – zieren die intimen achteckigen Räume. Reproduktionen von Bildern und Handzeichnungen an den Wänden erinnern an Goethe und Marianne Willemer. Auch der kleine Garten wurde stilgerecht hergerichtet als ein Garten der Biedermeierzeit – mit Rasenrondellen, Blumenrabatten und Buchsbaumhecken, beschattet von wieder hochgewachsenen Bäumen. – „Sag ihm nur, doch sag's bescheiden, seine Liebe sei mein Leben. Freudiges Gefühl von beiden wird mir seine Nähe geben" („Westwind", letzte Strophe).

Mainfront von Südosten

„Flut und Ufer, Land und Höhen
Rühmen seit geraumer Zeit
So dein Kommen, so dein Gehen,
Zeugen deiner Tätigkeit."

Diese Strophe schrieb Goethe seinen Freunden als Widmung unter eine Frankfurt-Ansicht von Südosten, von der Gerbermühle aus, die Rosette Städel, Willemers Tochter, dem Dichter zum Geburtstag 1815 gezeichnet und dieser von Radl hatte stechen lassen. Frankfurt als Idylle: der ruhige Fluß fast ein See vor der alten Brücke, diese eher ein Steg zwischen den Ufern, die in der Flußbiegung miteinander verschmelzen, die Taunusberge hinter den Dächern der Stadt, von der Gerbermühle wenig mehr als einen Flintenschuß entfernt. Die Perspektive unserer Vorkriegsaufnahme ist kaum anders. Die Verwandlung in 120 Jahren betrifft nur Details, nicht das Ganze: der Dom nun mit Spitze, die Neue Alte Brücke mit weiteren Bögen, an neuen Türmen die Paulskirche und der „Lange Franz". Man sieht es nicht, man muß es wissen, daß Frankfurt von 40000 auf 400000 Einwohner angewachsen ist. Dann das Zerstörungsfoto: die Brücken gesprengt, die Stadt verwüstet, nur der Domturm wie durch ein Wunder aufrecht bis in die Spitze. Man ahnt, daß Millionen Kubikmeter Trümmer die Stadt bedecken. Wen wundert eigentlich die Metamorphose Frankfurts in den letzten drei Jahrzehnten? Aus den Trümmern ist eine Metropole entstanden, so radikal verwandelt wie nicht in dreihundert Jahren davor. In der neuen Skyline sind die alten Türme noch da, man muß sie nur suchen. Unübersehbar sind die Erfolgssymbole unserer Zeit. Doch sind die Hochhaustürme der Banken etwas anderes als die Patrizierburgen des Mittelalters? Andere Zeiten, andere Ausdrucksmittel! Wie sagte schon Goethe? Das einzig Beständige ist der Wandel.

Inhalt

Stadt im Wandel 5
Frankfurt – ehemals, gestern und heute 23
Altstadtkern aus der Luft von Westen . 23
Blick vom Domturm nach Westen . . 26
Blick vom Domturm nach Südosten . . 28
Mainfront von Südwesten 30
Mainfront mit Dom frontal vom Sachsenhäuser Ufer 32
Mainfront mit Eisernem Steg von Südosten 34
Blick vom Alten Markt nach Westen zum Römerberg 36
Römerhöfchen, Treppenturm von Westen 38
Gerechtigkeitsbrunnen nach Norden gegen die Neue Kräme 40
Südseite des Römerbergs mit Nikolaikirche von Norden 42
Ostseite des Römerbergs (Samstagsberg) von Westen 44
Eingang zum Alten Markt (Römerberg-Nordostecke) 46
Steinernes Haus von Süden 48
Hühnermarkt von Südwesten (Technisches Rathaus) 50
Goldene Waage, Ecke Alter Markt/ Höllgasse (Archäologischer Garten) . . 52
Kannengießergasse von Osten 54
Weckmarkt (Garküchenplatz) nach Osten 56
Weckmarkt nach Westen, Blick in die Saalgasse 58
Saalgasse, Heiliggeistplätzchen nach Nordosten 60
Paulskirche von Südosten 62
Bethmannstraße nach Westen 64
Großer Kornmarkt nach Süden zur Buchgasse 66
Großer Kornmarkt nach Norden zum Kleinen Kornmarkt 68
Goethehaus im Großen Hirschgraben von Süden 70
Berliner Straße nach Osten 72
Schnurgasse 63/65, Nürnberger Hof (Berliner Straße 33/35) 74
Liebfrauenkirche von Süden 76
Liebfrauenkirche, Inneres, Blick in den Chor 78
Töngesgasse vom Liebfrauenberg nach Osten 80
Fahrgasse von der Töngesgasse nach Südwesten 82
Einhornplätzchen an der Fahrgasse (Staufenmauer) 84
Die Stadtbibliothek an der Obermainbrücke von Süden 86
An der Hauptwache nach Osten 88
Katharinenkirche, Blick ins Innere von Westen 90
Hauptwache von Südosten 92
Große Eschenheimer Straße nach Norden 94
Thurn und Taxis Palais (Fernmeldehochhaus) von Westen 96
Roßmarkt nach Nordosten 98
Goetheplatz nach Norden 100
Goetheplatz, Ecke Goethestraße, nach Westen 102
Blick in die Große Gallusstraße nach Südwesten 104
Juniorhaus am Friedensplatz (Kaiserplatz) von Nordost 106
Frankfurter Hof von Norden 108
Neue Mainzer Straße vom Brückenkopf nach Norden 110
Schauspielhaus von Nordwesten 112
Goethedenkmal (Bismarckdenkmal) und BfG-Hochhaus 114
Das Frankfurter Opernhaus (Alte Oper) 116
Ostseite des Opernplatzes 118
Große Bockenheimer Straße (Freßgaß) nach Westen 120
Große Eschenheimer Straße, Eschenheimer Turm von Süden 122
Eschenheimer Turm von Norden . . . 124
Volksbildungsheim von Süden 126
Bahnhofsplatz von Süden 128
Goethegymnasium von Westen mit „Cityhaus" 130
Festhalle auf dem Messegelände 132
Naturmuseum Senckenberg von Nordosten 134
Naturmuseum Senckenberg, Großer Lichthof 136
Bockenheimer Landstraße, Gontardsches Gartenhaus 138
Zoologischer Garten, Gesellschaftshaus von Westen 140
Ostbahnhof von Westen 142
Deutschordenshaus mit Deutschordenskirche von Nordwesten 144
Kuhhirtenturm, Abschluß der Paradiesgasse nach Norden 146
Elisabethenstraße von Osten 148
Städelsches Kunstinstitut 150
Der Riedhof an der Mörfelder Landstraße von Süden 152
Sachsenhäuser Warte von Süden 154
Das Willemer-Häuschen auf dem Mühlberg, Hühnerweg 74 156
Mainfront von Südosten 158

Bildquellen

T. Dabrowski, Frankfurt: S. 47 li., 114 u.
Dr. R. Emanuel, Frankfurt: S. 30 u., 38 re., 42, 44 u., 50 u., 56 o., 56 u. re., 60, 71 o., 72 re., 78, 82, 86 o., 86 u., 96 u., 125 u.
Göllner, Frankfurt: S. 7 u., 8 u., 10, 13, 26 u., 28, 32, 36, 37 o., 40 li., 46 li., 73 u., 94 u., 98 u., 102, 116 li., 117 Mitte, 118, 119 o., 130 o., 134 o., 134 u., 144 u., 148 u., 150
F. Günther, Frankfurt: S. 67 u.,
Foto-Kirschner, Stuttgart: S. 2, 22, 29 re., 33 u., 49, 50 o., 55 u., 57, 63, 65, 69 re., 71 u., 73 o., 74 re., 75 u., 81 re., 83 u., 85, 87, 97, 103 u., 107 re., 113, 115, 121, 123, 124, 131, 135, 143, 145, 147, 149, 151 u., 153 u.
L. Kleinhans, Frankfurt: S. 116 re.
Kochmann-Photo, Frankfurt:S. 15 u., 100 u.
K. Meier-Ude, Frankfurt: S. 19, 21, 27, 31, 37 u., 41, 43 u., 45, 47, 53 or., 59 u., 61 u., 89, 93, 95 u., 99, 101, 105, 109, 110, 117 u., 119 u., 127, 133, 139, 159
roebild Kurt Röhrig, Frankfurt: S. 33 o., 62 u., 81 li.
K. Weiner, Heusenstamm: S. 16 o., 67 o., 122 re., 128 u. li., 140 u., 158 u.
Wolff & Tritschler, Offenburg: S. 14, 20 u., 51, 52, 59 o., 68, 70, 136 li., 136 re., 151 o.
Stadtvermessungsamt Frankfurt: S. 24/25
Stadtarchiv Frankfurt: Alle übrigen Fotos

Bockenheimer Land straße
Hochbauamt
Amerikahs.
Kath.K
Gärtnerweg
Inst.d.Univ.
Heinr. Hoffmann Mus.
Christus-K.
Bettinaschule
Zentr. für Arb. vermittlg.
Ausgl.-Amt
Postamt 17
Rothschild-park
Reuter-weg
Alte Oper
Opern-pl.
Bundesanst.f. Flugsich.
Bockenheimer
Mozart pl.
Handwerkskammer
Elsa-Brändström-Sch.
Kettenhofweg
Gr.Bockenheimer Str.
Goethestr.
Junghofstr.
Westend-pl.
Savignystr.
Westendstr.
Taunusanlage
Landes-zentralbank
Neue Mainzer Str.
Mendelssohnstr.
Beethovenstr.
Bettina-pl.
Goethe-gymn.
Kath.K.
Mainzer Landstr.
Gr.Gallusstr.
Taunustor
Kaiserstr
Gallusanlage
Theaterpl.
Städt. Bühnen
Pl. d. Republik
Pol. Präsidium
Falk-Sch.
Ev.K.
B 40,44
Düsseldorfer Str.
Bundesbahn-sozialverw.
Jürgen-Ponto-Pl.
Autobahnamt
Staatl. Landesbildst.
Hess. Straßenbauamt
Staatsbauamt
Verkehrsamt
Münchener Str.
Karmelit.Sch.
Histor. Mus.
Postamt 11
Postamt 2
Am Hauptbahnhof
Hauptbahnhof
Pol.-Wache
Postamt 3 u. 4
Postamt 16
Aug.-Henze-Sch.
Staatl. Gew.Aufsichts-A.
Hess.Landesamt f. Ernährung
Wiesenhüttenpl.
B 44
Baseler Str.
Wasser-u. Schiffahrtsamt
Gutleutstr.
Main
Untermainkai
Gewerkschaftshs.
Baseler Pl.
Schaumainkai (Museumsufer)
Städelsches Kunst-Inst.
Staatl.Hochsch. f.bild.Künste
Liebieghaus Mus.
Friedensbr.
Mannheimer Str.
Speicher Str.
Gewerbeförd. Anst.
34